獻給**天然獨**

黃年◉著

從梵谷的耳朵談**兩岸關係**

「有中國特色的社會主義」到「有普世價值的中國方案」

梵谷有許多自畫像。
有些畫於耳傷前，有些畫於耳傷後。
有些是左臉側寫，有些是右臉側寫。
假如你不知畫中人的完整背景，
不知道梵谷的完整故事，而在不同時間，
看到不同角度的梵谷畫像，
就會有不同的認知與判斷。

一張同一人的畫像，在不同的時間，
不同的角度，會導致不同的認知與判斷。
我們現在要討論的是一個時空跨距這麼大的題目，
兩岸問題，當然也會有角度的問題（左臉、右臉？），
及時差的問題（耳傷前、耳傷後？）。
角度與時差，其中存有陷阱。

目錄

蘇序

宛如梵谷 嘆兩岸關係的精神病

蘇起

梵谷是西方美術史上一個罕見的偉大畫家。他短短的一生充滿了激情、挫折、勇氣、理想、矛盾、流血，與創意。他畫作之多（兩千餘幅），生前賣出之少（僅一幅），在知名畫家中應是絕無僅有。他的割耳自殘及最後住進精神病院並舉槍自盡，更是他悲劇人生的兩大高潮。

黃年兄從梵谷的耳朵談兩岸關係，只能用「別具慧眼」四個字來形容，因爲如果撇開兩岸許多眼花撩亂的現象不看，只聚焦於它的本質的話，兩岸關係還眞的很有梵谷的悲劇性格。事實上，六十幾年的兩岸關係是如此的沉重，如此的耗人形神，如果我們今天遍數曾經實踐或深研兩岸的風流人物，恐怕會發現他們多半已經退出此一是非場域，改做「吃瓜群衆」了。

黃年兄是極少數的例外。他文章一篇一篇的寫，專書一本一本的推出，幾十年了，依舊樂此不疲，確屬難能可貴。這本小書脫胎於他向逢甲大學學生演講的講稿。文字語氣深入淺出，自然活潑，完全不像他的社論及專論筆調。內容則維持他一貫的嚴謹風格，條理分明，論理中夾帶期許。

面對大學生，他勇敢地否定「天然獨」，也否定「天然統」。他期許大陸及台灣都努力完成「未完成的答卷」。他希望兩岸既有「中華民族的偉大復興」也有「兩岸同胞的偉大和解」。他希望大陸從「有中國特色的社會主義」走向「有普世價值的中國方案」。他還希望民進黨在「外擊型台獨」已經衰弱的今天，用內部改造來甩掉「內殺型台獨」的政治綁架，否則台獨、中華民國、及台灣經濟都會變成「漸凍人」。

作爲一個悲天憫人的知識分子，黃年兄的耐心解說能不能讓台下的大學生開竅，他的苦口婆心能不能讓藍綠紅菁英暫停算計與廝殺，改爲天下蒼生計，實難逆料。但可以確定的是，兩岸關係的精神病，像最後幾年的梵谷一樣，已經越來越嚴重了。

可不是嗎？冷戰時期在國共一致的「急統」大政方針下，台灣海峽（當時還沒有「兩岸關係」這個名詞）充滿了激情、挫折與流血。後來分量極重的美國因素驟變，大陸與台灣不得已就都轉成「緩統」。大陸美其名曰「和平統一」；台灣的經國先生則從「反攻大陸」改成號召「三民主義統一中國」。當時大陸因爲必須壓抑統一願望而罹患了輕微的憂鬱症。台灣更嚴重，因爲它長時間的「統一只能說，不能做」，導致初期精神分裂症狀的出現。

李前總統時期繼續精神分裂。他表面上高舉統一的大旗，但實際上卻一方面用「民主化」理想療癒台灣民衆的挫折情緒，一方面把「民主化」逐步轉成「在地化」，然後成功地滑向「台灣化」。沒想到一路順遂以致志得意滿的李先生在任滿前提出「兩國論」的創意，想要一鼓作氣推到「台獨化」的時候，立即被美中兩強逼回「一中各表」的原地。記得他在兩國論提出後，面對美國駐台代表的當面質疑時，急切地辯解自己並不支持台獨而是一直主張「一中各表」及「一個分治的中國」。從此以後，台灣部分人士就患上了躁鬱症，時而躁進，時而謙卑。

傾向躁進的陳前總統在任時，經過短時間的謙卑後，勇氣十足地向正名制憲的「急獨」理想邁進。台灣多數民衆及美中兩強聯合反彈，帶來了馬前總統八年的

「不統不獨不武」，讓神經緊繃多年的兩岸關係終於鬆了口氣。但神經的鬆弛以及長期對國際問題的漠視，又讓台灣民衆誤以爲兩岸的和平與安定輕易可得，而台灣的國內民意放到國際，也一定會是超級無敵的硬道理。這個誤解終讓民進黨回掌政權。

新上任的蔡政府當然明白國際與兩岸實力新對比的殘酷現實，另外應也沒有忘記「急獨」失敗的慘痛教訓。但它卻很尷尬地發現自己被自己長期「台獨」與「反中」的成功宣傳綁架而動彈不得。折衷之道只好採取「緩獨」策略：對外講「緩」或「維持現狀」，對內仍「獨」。這就讓今天的台灣陷入新的精神分裂：「台獨可以做，不可以說」。這個分裂存在於高層自己言行中，中央行政部門言行與其他黨政媒及地方部門言行的差異中，以及衆多支持群衆的內心深處。

不幸的是，今天的精神分裂極可能比早年的病症更嚴重，因爲早年外在環境非常穩定，可預測性很高，但現在的外在環境卻極不穩定而且挑戰性極大，任何風吹草動都可能牽動精神病患的大小神經，所以病患的心理壓力更大。任何稍懂心理學的人都知道，嚴重的精神分裂持續一段時間後，不斷累積的挫折感很有可能會爆發出更大的問題，釀成像梵谷自殘或其他患者傷及無辜的悲劇。

黃年兄的新書有理性冷靜的分析，有憂國憂民的情懷，還有具體的政策建言，非常值得關心大局的讀者一閱。爰樂撰此短序以爲推薦，並誠懇希望大權在握的人能夠認清兩岸及國際現實，體恤台海和平安定之得來不易，而善謀趨吉避凶之道，以造福百姓是幸。

（作者為《台北論壇》智庫董事長。曾任總統府國家安全會議秘書長、國統會召集人、陸委會主委、新聞局長、立法委員等職位）

自序❶

天然獨是一種偽宿命論

本書原是一篇對台灣的大學生演說的紀錄稿。二〇一六年十二月十二日，我應邀赴私立逢甲大學「強本高濤」通識講座演說，本書的原始主體即是此次演說的紀錄稿，原稿約二萬三千字。當天，我花了兩個小時把它說完。

「強本高濤」通識講座，由胡志強、翟本喬、高承恕、李濤四位先生共同主持，取名自四人姓名各一字。

本書是後經校訂補充的版本，主要在文章後段關於「普世價值/中國方案」之引申，完稿約得五萬字，於二〇一七年春節前後定稿。

因此，本書仍然保留了對台灣大學生演說辭的形態。

我的演講題目是：從梵谷的耳朵談兩岸關係。

在接獲演說的邀約時，我腦中浮現的第一個圖像是「天然獨」。

我雖不確定當日聽衆中有無天然獨或有多少位天然獨，但我假設自己是要去對一群年輕的「天然獨」談兩岸關係。

天然獨是新世代被貼上的政治標籤，這個標籤卻是反智的，也違反人權。這是一個粗暴的套套邏輯：因爲你是天然獨，所以你就命定要支持台獨了。且慢，新世代裡會不會有人要問：爲什麼我們命中注定該是天然獨？兩岸問題，不應有天然統，也不應有天然獨。如果一切均委諸宿命，統獨的討論就盡然虛無。

天然獨是一種政治宿命論，也是一種外加的霸凌式的宿命論，並非天然。若在台灣新世代的頭上貼上了「天然獨」的標籤，這是框限了他們對兩岸關係的看法，框限了他們對國家前途的抉擇，當然也框限了他們自我人生的可能性。

因爲，兩岸關係影響國家前途，國家前途影響每一個人的人生。天然獨不僅是框限了一個人的政治意識形態，也等於框限了一個人的人生觀。

所以，關係重大，怎麼能說：因爲你是天然獨，所以你就命定要支持台獨了。

這場演說，我雖心裡假設與「天然獨」對話，但面對我的聽衆，我完全不想改變或修正任何人對兩岸關係的原本看法。因爲，在台灣，任何人對兩岸關係的任何看法在主觀上都不會有錯，而我只是想談一些新世代平常不太注意的角度，供作他們在認知上的參考與對照。

一切政治認知最後都是取決於主觀。因此，在政治認知上，沒有錯誤的認知，只有不完整的認知、不平衡的認知，與錯置比例原則的認知；接下來，就是根據不完整、不平衡、不符比例原則的認知，可能作出了錯誤的抉擇。

政治認知必須建立在知識與抉擇上，它不是「天然」。因此，像天然獨這樣的政治標籤，它是反智的，也是反人權的，甚至是反社會的。

這場演說，將兩岸關係喻作梵谷的畫像（三十三頁至三十七頁）。書中說，看到梵谷左耳的人是對的，看到梵谷右耳的人也是對的。但是，看到梵谷左耳右耳整張臉的人則更是對的。因爲，一個「全臉的梵谷」，比較完整、平衡，也較能呈現準確的比例原則。

當一位青年眞正知道了完整的眞相，看到了全臉的梵谷，他仍然可能是一位台獨的支持者。不過，這也不是天然，而是一個認知與抉擇的結論。

相對而言，在一位青年尚未眞正認識完整的眞相之前，在還未見過全臉的梵谷之前，無論是外封他是天然獨，或他自封爲天然獨，這些皆可能失諸武斷。未來，是新世代的未來。不要給新世代貼標籤，新世代也不要被人貼標籤。

「因爲你是天然獨／所以你命定支持台獨」，這種套套邏輯，其實是一種政治霸凌，也形同將新世代視爲無工資的政治工具。不要霸凌新世代，新世代也應拒絕被政治霸凌。

蔡英文總統評論光復中學裝扮納粹事件說，「是我們大人的錯」。能不能問，新世代如果皆成天然獨，大人有沒有錯？尤其，如果新世代未必是天然獨，卻有人硬給他們貼上天然獨的標籤，大人有沒有錯？大人們驅使新世代做爲「天然獨」，有沒有承諾他們一個「天然與必然的台灣共和國」？

再說一遍：兩岸問題，不應當有天然統，也不應當有天然獨。

兩岸問題是人類歷史上空前複雜無比的文明難題，必須憑藉知識與抉擇，不能委諸宿命論。

正因不是宿命論，兩岸才有希望。

自序❷ 當然，也不會有天然統

——北京也有「未完成的答卷」

二〇一六年十二月十二日，也就是我赴逢甲大學演說的當天，傳出蔡英文總統在十二月二日給美國總統當選人川普打了一通「道賀電話」。

當時的兩岸情勢大致是：蔡政府不接受九二共識，北京則緊逼蔡政府對「兩岸一中」表態，兩岸兩辦兩會運作停擺，局面已是不可開交；此際再又爆出川蔡電話，川普聲稱「爲何要受一中政策的束縛」，不啻更是平添變數，一時儼然撼動了台美中三方賴以維穩的定海神針。

川蔡電話的消息是在台北時間早上傳開的，我則是安排在當日晚上演說。我準備的演說主體，原是要表達幾十年來我對兩岸關係和平發展的不墜憧憬。但在川蔡電話後，浮現在我眼前的圖像，卻是蔡政府因台獨而作繭自縛、國民黨正陷於不可開交的內訌，美國又可能將台灣當棋子玩弄於股掌之間……。當時的我，頓然覺得自己久年對兩岸所有的思考盡成虛無，一切均是鏡花水月。

接下來的發展是：中國的轟炸機繞台飛行、聖多美普林西比與台灣斷交、遼寧號航空母艦繞行台灣，及大陸輿論的武統言論不見遮攔……。

這使我想起了一九九六年，美國派出尼米茲號及獨立號航空母艦戰鬥群進入台灣周邊海域。如今，則換成了遼寧號登場演出。

我要問：兩岸關係只能用這種方法及這種層次來處理嗎？

也就是，台灣在應對北京時，難道要一直背負著明明不可能台獨但又擺脫不了台獨的捆綁嗎？而北京也只能用導彈射向彭佳嶼、轟炸機與航空母艦繞台、拔掉中華民國邦交國，及放任輿論叫囂武統來對付台灣嗎？

其實，台灣和大陸當局並不是沒有想過別的方法，也不是沒有作出另一種途徑的努力。

蔣經國的三民主義統一中國、李登輝的國統綱領、陳水扁的四不一沒有、馬英九的「九二共識／一中各表」，蔡英文的「依中華民國憲法及兩岸人民關係條例處理兩岸事務」及「正視中華民國的存在」……。這些，均是另一種途徑的努力。

相對而言，鄧小平的「不是我吃掉你、你吃掉我的統一」，胡錦濤的「和平發展」與「探討國家尚未統一特殊情況的兩岸政治關係，作出合情合理的安排」，及習近平的「心靈契合的統一」……。這些，也都是另一種途徑的努力。

然而，為什麼雙方都有過這些另一種途徑的努力，卻走到今天還是又見轟炸機和航空母艦出來繞場？

航空母艦繞台一次，不論是美國的或中國的，兩岸關係就倒退二十年。

雙方都不能只出卷子給對方答

中國正在崛起，這是所有台灣人都看得到的。但是，中國崛起並未化解台灣的分離意識。可見，中國要崛起，不只是軍事、經濟，還需要有其他。同理，中華民族的偉大復興，也不只在軍事及經濟，也還需有其他。

中國崛起及中華民族的偉大復興，應當補足這些「其他」。且兩岸如果眞要有「心靈契合的統一」，也應當補足這些「其他」。

我的看法是，兩岸不可能迴避統一的議題；但兩岸也絕不可能、絕不應當武力統一。

前篇序文說，我們不能說：你是天然獨，所以你就必須支持台獨。當然，我們也不能說：你是天然統，那就統一吧。

兩岸如果是要實現北京長期承諾的「和平統一」、「不是我吃掉你、你吃掉我的統一」，及習近平主張的「心靈契合的統一」；那麼，兩岸的統一就不該是武統，也不該是「天然統」，也就是必然要說清楚「如何統一」的問題。

一個中國，爲什麼只能是「中華人民共和國政府是代表中國的唯一合法政府」？爲什麼不能是「大屋頂中國」？

統一，爲什麼只能是「我吃掉你、你吃掉我」的「被統一」，爲什麼不能是「共同締造論」的「互統一」？

統一，就是「消滅中華民國」的同義詞嗎？爲什麼不能有「不消滅中華民國的統一」？

中共十八大政治報告說：「探討國家尚未統一特殊情況的兩岸政治關係，作出合情合理的安排。」所謂「特殊情況的兩岸政治關係」，應當就是中華民國明明沒有滅亡，所以不能用「中華民國已經滅亡論」待之。因此，所謂「作出合情合理的安排」之懸念，豈不正是一張迄今北京方面仍然「沒有完成的答卷」？

也就是說，北京不能只問蔡政府的「沒有完成的答卷」，也應看一看自己的「沒有完成的答卷」。

雙方都不能只出卷子給對方答，而不答自己的卷子。

我們不必被「蔡英文作繭自縛/川普撼動一中/遼寧號繞台」的一時局勢所拘束，而必須相信兩岸仍有另一種途徑可待共同努力。

二〇一五年五月，我在上海的一場兩岸座談會上說：兩岸未來的解決方案，必須「爲人類文明建立典範/爲兩岸同胞創造救贖」。

如此，應可「以兩岸同胞的偉大和解來豐富中華民族的偉大復興」，又可「以中華民族的偉大復興來支撐兩岸同胞的偉大和解」。

遼寧號繞場只是一個應付緊急的方法，但若要眞正爲兩岸問題找到一個終極的解決方案，就應當以「典範救贖論與兩個偉大說」爲路徑。

兩岸問題與中國崛起及中華民族的偉大復興，是緊密捆綁的合體工程。也就是說，中國未來如何面對國際、如何改善內部治理，及如何處理兩岸關係，三者其實內蘊著俱損或共榮的關係。

習近平總書記在中共九十五周年黨慶上說：「（中國）有信心為人類對更好的社會制度的探索，提供中國方案」。

我覺得，中國大陸面對國際瓶頸、面對國內治理的優化與晉級壓力，及面對兩岸問題，總結的共同關鍵正是在必須創造出一個「人類更好社會制度的中國方案」。

倘若「如何實現中華民族的偉大復興」是整個中國面對的一張最關鍵的歷史答卷，它的答案或許是：中國應當設法從「有中國特色的社會主義」，朝向「有普世價值的中國方案」移動。

如此，始可能將中國對外、對內及對兩岸的改善工程，從遼寧艦的層次，提升到創造人類文明典範的層次。

腦際出現此想，使我動念將那篇演說稿放大成這本書。在本書的後段，可以看到這一部分添加及延續的申論。

花在鏡邊．月在池上

其實，在兩岸之間，曾有「國家統一綱領」、「和平統一」、「和平發展」、「九二共識／一中各表」、「四不一沒有」、「正視中華民國的存在」、「不是我吃掉你、你吃掉我的統一」、「什麼都可以談的統一」、「心靈契合的統一」等等的政策主張，也曾有過「現在進行式的中國」、「共同締造論」、「大屋頂中國」、「互統一」、「一中三憲」、「第三主體」，及「凍結台獨黨綱」的種種倡議。這些都不是武統，也不是台獨，而皆可謂是另一種途徑的眞實努力。

這些努力，似皆未主張「天然統」，而是將統一視爲一個必須認眞對待的文明課題。因此，本書對「互統一」的倡論，希望在下一階段的兩岸互動中，能夠進入人們的思索。

勿讓這些眞實的努力盡成鏡花水月。因爲，只要一轉身，花在鏡邊，月在池上，夢境即成眞實。

開場白

有人問，要怎麼開始一場演講？

有人提供了三個方法。一、說一些客套話。二、使盡洪荒之力去諂媚你的聽眾。三、說幾個笑話。

但是，我今天準備的架構比較大，我很怕時間不夠講不完。所以，以上三者我都省略了。

我是說真的，我很怕時間不夠講不完。

因而，接下來，有些裝飾性的語言，渲染性的語言，我也都省了。所以，我想聽起來不免就會有點枯燥單調。

因此，如果你身邊的朋友打瞌睡的話，就請你評量一下你和他的交情。如果交情好的話，就讓他繼續睡。如果交情不好，就用拐子頂他一下。

第1章

一個概念・三個架構

1、一個概念．三個架構

兩岸關係是一個不容易討好的話題。一、這是大家都十分熟悉的話題。你很難見人之所未見，言人之所未言。二、這是一個高度爭議性的話題。任何在兩岸議題上作出的主張，必定會面臨反對的意見。兩岸關係，衆口難調。

今天我們談兩岸關係，但我不談兩岸關係的新聞資訊，因爲，在我們的生活環境中可說已經充滿兩岸關係的資訊。五花八門，眼花撩亂。我想談一談的是對於兩岸關係的觀察方法或思考的方法，也就是談一談解讀兩岸關係的一些認識論和方法論的問題。

一開始，我先談一談一個概念和三個架構。

連結點．主體性

一個概念，就是在探討兩岸關係的時候，可以注意其中的兩個基本元素。第一個元素是連結點。第二個元素是主體性。

一、**連結點**。這是從兩岸整合的角度來看。有歷史的、血緣的、地緣的、文化的、社會的、政治的、經濟的連結點。有已經存在的連結點，也有可能發生的連結點。

處理連結點，有兩個相對的面向。正面看，是維持已有的連結點，或建立未來的連結點。反面看，是終止或切斷連結點，或不使新的連結點發生。

什麼是建立連結點：如旅遊、台灣藝人上「中國好聲音」、小三通、大三通、二十三項協議如ECFA，要不要簽訂和平協議，或要不要談統一。

什麼是切斷連結點：如戒急用忍、新南向政策、蔡英文不接受九二共識、去中華民國化、去中國化、去孫中山、去蔣介石、台獨，這些都是切斷連結點。

但台獨如辜寬敏先生也主張「兄弟之邦」，如果是兄弟之邦，也有連結點的問題必須處理。

二、**主體性**。這是從兩岸區隔的角度來看。一國兩制，一國是連結點，兩制是主體性；一中各表，一中是連結點，各表是主體性。還有求同存異、一邊一國、正名制憲、借殼上市、台獨黨綱、新而獨立的國家，這些都是處理主體性的議

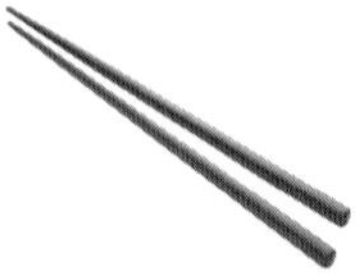

筷子理論

兩岸有如一雙筷子，
其中一隻筷子是台灣，
另一隻是大陸。

題。

一向以來，大陸比較重視連結點，台灣比較重視主體性。

筷子理論．杯子理論．大屋頂中國

再說三個架構：一、筷子理論。二、杯子理論。三、大屋頂中國。

一、筷子理論：一九九〇年，二十七年前，我應美國國務院之邀訪美，一個月，在美國繞了一圈，在華盛頓見到美國在台協會理事主席白樂崎，他問我對兩岸關係的看法，我說，我的看法是「筷子理論」。

兩岸有如一雙筷子，就是兩隻筷子，其中一隻筷子是台灣，另一隻是大陸。就台灣的角度來看，這一雙筷子可能出現三種關係。

第一種關係是從分離的角度看，也就是強調主體性，主張將兩隻筷子儘量分開，切斷政經關係；推至極端，就是主張台灣獨立。但兩隻筷子一旦分開，就失去了筷子的功能。

第二種關係是從合併的角度看，也就是強調連結點，主張將兩隻筷子靠在一起，甚至綁在一起，也就是強制統一。但將兩隻筷子硬綁在一起，也會失去正常的功能。

第三種關係則是維持筷子正常的操作原理。亦即，當一雙筷子在操作時，有些地方「離」，有些地方「合」，在離合互動之間即能發揮筷子的正常功能。筷子理論，就是主張維持一雙筷子正常功能的狀態，有連結點，但也維持主體性。

二、杯子理論：「台灣是水，中華民國是杯；杯在水在，杯破水覆。」

杯子理論是強調主體性，這對藍綠紅三方面都有用。

杯子理論

台灣是水，
中華民國是杯；
杯在水在，杯破水覆。

藍：最重要的政治資本就是中華民國及中華民國憲法，當然是杯子理論。

紅：北京兩岸政策最大的矛盾，是一方面主張「中華民國已經滅亡」，另一方面又全力維持中華民國的存在。可以這麼說，在過去幾十年裡，前幾十年北京拚命「去中華民國化」，後幾十年又拚命阻止台灣「去中華民國化」。這就像前幾十年拚命挖了一個坑，後幾十年又拚命把坑填起來。北京要處理兩岸問題，必須要在中華民國這個架構下處理，別無他途，這就是杯子理論。再者，北京反台獨也要有一個底線，就是要讓中華民國走得下去；如果中華民國沒有出路，台獨就不會絕跡。這就是紅色的杯子理論。

綠：從台獨黨綱主張建立獨立自主的台灣共和國，到蔡英文現在說的「正視中華民國」，都是有關要不要台獨的問題。大家可以想像一下，有一天，中華民國滅亡了，那一天會是台灣國的開國紀念日嗎？或者也是台灣國同步幻滅的一天？從某一個角度來說，中華民國其實是台獨的載具，台獨則是中華民國的寄生物；如果中華民國不存在了，台獨恐怕也是唇亡齒寒。甚至有人比喻台獨是癌細胞，當寄主死了，癌細胞也就大限已至。所以，即使對台獨運動來說，也要思考杯子理論。杯在水在，杯破水覆。

三、**大屋頂中國**：這是兩德時代的理論。主要的理念是，在整個德國之下，在

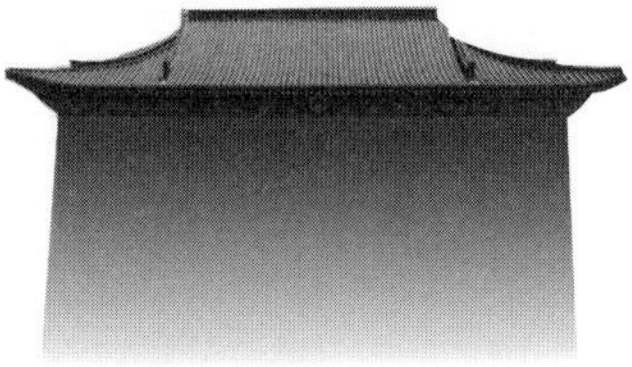

大屋頂中國
互視為不是外國的國家
第三概念的中國
上位概念的中國

大屋頂德國之下，東德西德「互視爲不是外國的國家」。在大屋頂下，你是國家，我也是國家，但你不是我的外國，我也不是你的外國。

在屋頂理論下，台灣（中華民國）和大陸（中華人民共和國），就像兩間房屋，上面有一個大屋頂中國。這個大屋頂中國，是中華民國和中華人民共和國之上的中國，也就是「第三概念的中國」或「上位概念的中國」。

大屋頂中國是要處理中華民國和中華人民共和國同時存在的問題，也是要處理中華民國和中華人民共和國如何整合的問題。

在大屋頂中國下，中華民國是民主中國，中華人民共和國是社會主義中國，二者皆是一部分的中國，共同屬於並共同締造「一個（大屋頂）中國」。

第2章

梵谷畫像的陷阱

2、梵谷畫像的陷阱

暫且擱下這一個概念和三個架構，回頭來解釋，爲什麼我的題目裡有「梵谷的耳朵」。

在人類一切的認知活動中，都可能會出現盲點、偏見和誤判，我們可以稱它作「梵谷畫像的陷阱」。

梵谷（一八五三——一八九〇）是著名的後印象派畫家。他最有名的一幅畫是向日葵，他畫的樹都像火焰一樣。梵谷三十七歲舉槍自盡，死前的兩年，他用刮鬍刀削掉了自己的左耳，另說是畫家高更動的刀。

梵谷有許多自畫像。有些畫於耳傷前，有些畫於耳傷後。有些是左臉側寫，有些是右臉側寫。假如你不知畫中人的完整背景，不知道梵谷的完整故事，而在不同時間，看到不同角度的梵谷畫像，就會有不同的認知與判斷。

耳傷前，不論看到左臉像或右臉像，會覺得畫中人與常人無異。耳傷後，若只看到右臉像，你不知已失左耳；若只看到左臉像，亦不能確知右耳是否正常。而且，即使你看到的都是左臉像，耳傷前後，由於時間不同，你看到的會是不同的左臉。

一張同一人的畫像，在不同的時間，不同的角度，會導致不同的認知與判斷。而我們現在要討論的是一個時空跨距這麼大的題目，兩岸問題，當然也會有角度的問題（左臉、右臉？），及時差的問題（耳傷前、耳傷後？）。角度與時差，其中存有陷阱。

其實，「梵谷畫像的陷阱」還算單純。因爲，看過右臉，別忘再看左臉即可。看過耳傷前的畫，只要找到耳傷後的畫即可。總之，梵谷的左耳削去，不會變成

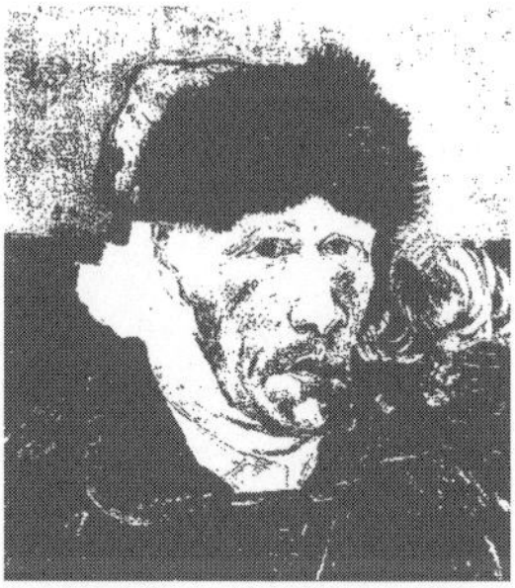

梵谷畫像的陷阱

面對一切的知識，最好不要陷入「左臉理論」或「右臉理論」，而要盡可能地探求「全臉理論」。當然，兩岸問題亦然。

右耳削去；且左耳一旦削去，就不會再長回來。

但是，當我們在談論像兩岸關係這樣的大題目的時候，你說左耳削去，他會說右耳削去。有時，耳朵明明還在，卻說已無耳朵。或者，耳朵前幾天削去，後幾日卻又長了回來。譬如重大的革新，或知難而退的髮夾彎。這是比「梵谷畫像」更複雜的陷阱。

相激相盪．相輔相成

梵谷畫像的陷阱，是一切求知過程中的陷阱，當然也是在探究兩岸問題時可能出現的陷阱。

政治認知是一個十分奇妙的現象。梵谷的畫像，就像是心理學上的羅夏克墨漬測驗。同樣一張畫，有人看成花瓶，有人看成老婦，有人看成蝴蝶。

面對一切的知識，最好不要陷入「左臉理論」或「右臉理論」，而要盡可能地探求「全臉理論」。當然，兩岸問題亦然。

我在今天這麼短的時間裡，當然不可能給大家一個「全臉的故事」。而且，由於時間關係，我能說的，也不是我所看到的「全部的梵谷」，而是只能說出我所看到的一部分角度。

所以，我也請各位完全保留你自己已經看到的兩岸關係的梵谷的畫像，我絕對無意要改變或修正各位對兩岸關係的原本看法；其實，在梵谷的畫像裡，不論你的觀點是正確的或錯誤的，或你喜歡不喜歡，或同意不同意，它都是構成梵谷畫像的元素。我所說的「梵谷畫像」，如果可以提供各位作一些參考與對照，那就是我希望完成的功課。而且，我既然明說了我說的也是「半臉的故事」，只要各位維持一種求知的警覺，也就表明了我沒有誤導各位的意思。我們今天是在台灣的這個自由講堂裡，我們要的是相激相盪、相輔相成，我們不是要相互否定。所以，請各位留意，我要說的只是我看到的梵谷，不要陷進我的「梵谷畫像的陷阱」。

第3章

四座政治地標

3、四座政治地標

什麼叫做「梵谷畫像的陷阱」？現在我想邀請各位來到台北市的博愛特區，並把博愛特區以總統府爲中心的大約六、七百公尺方圓的地帶的四個政治地標看成一張梵谷的畫像。看一看我們能看到什麼？

我接下來要說的這些，聽起來好像是兩岸關係的邊緣話題、枝節的話題，卻是兩岸問題的根源。

這四個地標是：總統府、二二八和平紀念公園、白色恐怖政治受難者紀念碑，與中正紀念堂。

四座政治地標

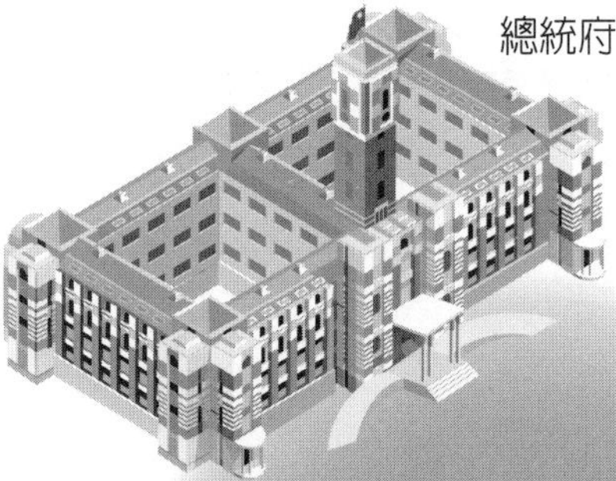

總統府

二二八和平紀念公園

白色恐怖政治受難者紀念碑

中正紀念堂

從總督府到總統府

一、先看總統府，總統府的地址是重慶南路一段一二二號，在不一樣的角度、不一樣的時差、不一樣的觀察者，可能看到不一樣的景觀。

至少有五種不同看法：

1.它曾經是日本總督府，所以後面有一大堆不同的故事。

2.它是中華民國總統府，所以後面也有一大堆不同的故事。

3.國民黨執政時，民進黨視其爲外來政權的統治平台。

4.民進黨執政時，借殼上市，成了台獨運動者的指揮基地。

5.就北京的角度來說，如果說「中華民國已經滅亡」，那麼北京就根本不會承認有這個機構；但如果習近平在馬習會上承認了馬英九是「台灣領導人」，就至少應承認這是「台灣領導人辦公室」。

一棟建築，可以反映幾種不同的觀念。其中有歷史的分歧，價值的分歧，和認同的分歧。

要不要在二二八停格

二、再看二二八和平紀念公園。

二二八事件使台灣出現了兩種政治論述，我稱它A論述及B論述。

A・典型的綠色論述：中華民國是外來政權，台灣沒有「光復」，台灣仍處在「地位未定論」的狀態。台灣必須切斷與中國的連結。國民黨政權對台灣的意義只是壓迫者與剝削者。今日台灣的政治紀元是從一九四七年二二八開始，二二八以後的台灣歷史只剩下「白色恐怖」四個字。一部台灣史就是一部人民抗暴史或人民復仇史。台灣的政治論述，應當在「二二八」三個字上面停格，不要移動。

B・典型的藍色論述：台灣是中國在甲午戰爭的失土，經中華民國光復台灣。中華民國是在一九一二年肇造的中華民國。國民黨政權在台灣經過三七五減租、耕者有其田、地方自治、加工出口區、八二三砲戰、九年國教、十大建設、科學園區、亞洲四小龍龍頭，直到解嚴、開放兩岸交流，而且到現在仍維持「一中各表」。這是與A論述不同的B論述。

再者，二二八事件本身的故事也是一幅梵谷的畫像，有好幾個版本。

二二八的主體因素，也就是核心因素，就是窳政或失政；所以，國民黨政府應負最大的責任。窳政、失政，就是惡劣敗壞的政治、惡劣敗壞的治理。大家如果看二二八的原始史料，就會常看到這兩個名詞。在那個時候，國民政府剛從「慘勝」的對日抗戰走出來，正要走進「慘敗」的國共內戰。從慘勝到慘敗，可說中國無處不是窳政失政，當時由於台灣正在換手，因此人民的感受也特別強烈。所以，二二八事件的發生，國民黨政府當然應負最大的責任。但二二八也有一些被無意或有意忽略的細節和因素，因此出現了不同的版本。

例如，二二八事件當時發生後，其實變成了兩個戰爭的延伸。

1. **太平洋戰爭**。當時有幾十萬的皇民、台籍日本兵，他們對重傷支那卻輸掉戰爭，心理很不平衡，尤其發生了二二八事件，所以他們在二二八事件中有其角色。當年的波瀾，迄今未平。

2. **國共內戰**。中共和台共是將二二八事件當作內戰的延伸來看。比如謝雪紅的二七部隊，有很激烈的武裝鬥爭。因爲二二八事件的導火線林江邁事件發生在二月二十七日，所以叫二七部隊。由於中共和台共的武裝鬥爭，這對二二八事件的性質和國民黨政府處理事件的認知都有一定程度的影響。後來，謝雪紅出走大陸，中共每年都盛大舉行二二八抗暴紀念的活動，將二二八作爲中共與台灣人民對抗國民黨暴政的指標事件。

一直到後來台獨占據了二二八論述，台獨把二二八的意義由反國民黨推展到反中國，北京不再高調紀念二二八。當然，在台獨人士記述中的二二八故事中，也淡化或塗掉了中共的角色。他們希望純化二二八的故事，不要讓中共的角色模糊了焦點。所以，在二二八事件中，曾有一隻中共的耳朵，現在不見了。中共放低了姿態，台獨也把它遮掉了。

不過，就在本書付梓之際，北京國台辦表示，今年（二〇一七年）將舉辦二二八事件七十周年的一系列紀念活動。現在，這隻耳朵又長回來了，北京的定調是：「二二八事件是中國人民解放鬥爭的一個部分。」

還有一點，就是二二八的抗爭主體，隨著政治情勢的變化，後來漸漸由三七五減租受損的皇民及地主階層占據，形成了「三七五借二二八復仇」的景象。這也是另一張梵谷的畫像。

雞兔同籠的紀念碑

三、接著就來看看白色恐怖政治受難者紀念碑。這座紀念碑在凱達格蘭大道旁，距離總統府約兩三百公尺，從總統府的窗口，應該就看得到它。這個紀念碑是二〇〇八年陳水扁任總統時竣工落成的，馬英九任總統時還到碑前獻花行禮。如果這座白色恐怖紀念碑也是一張梵谷的畫像，我們看到的是什麼？

1.它是白色恐怖冤錯假案的受難者紀念碑嗎？2.它是台灣民主運動受難者紀念碑嗎？3.它是中共地下工作者烈士紀念碑（也就是匪諜紀念碑）嗎？4.它是台獨運動先驅者紀念碑嗎？

正確的答案可能是：以上皆是。這是一個雞兔同籠的紀念碑。

白色恐怖這四個字迄今似乎沒有一個準確的定義。一般的說法，是泛指一九五〇年代及後來涉及政治情節的軍法或司法審判事件。一九九九年，李登輝政府建立綠島人權紀念碑，首次鐫刻公布了白色恐怖政治受難者的名單；二〇〇二年，陳水扁政府設立景美人權文化園區，再公布一次。至二〇〇八年陳水扁在總統府前的凱達格蘭大道旁建立這座白色恐怖政治受難者紀念碑，可謂是集其大成之作。

探究李登輝、陳水扁兩屆政府公布的白色恐怖受難者名單，大抵可分成四大類：

一、冤錯假案很多，有些案子很冤、很慘，也很可怕。這些人當然是受難者，也是白色恐怖事件的主體。如澎湖七一三事件，發生在一九四九年，被說成外省人的二二八事件。牽連了一百多人，有六、七人遭到槍決，在馬場町，其中有一位校長，有三名遭到槍決的學生，當年只有十九歲。

二、因民主運動而受刑罰的，雷震案是一個典型。這些人當然也是受難者。雷震案是以匪諜案判組黨案，所以雷震案既是冤案，又是錯案，又是假案。

三、中共地下工作者被破獲而受刑罰，他們也在受難者的名單中。這些人究竟是間諜或受難者，卻是一個可能發生爭議的問題。

在政治認知上，有沒有必要將中共在台灣的地下工作者，也就是間諜，和在台灣的民主運動者加以區別，這不能說是一個沒有意義的議題。

剛才說，二二八有一隻中共的耳朵不見了。二二八以後，在台灣的知識分子及政治運動者之間，台獨思維並不顯著，卻出現了一種在「藍色中國」和「紅色中國」的選擇。原因是：一、在當時，中共是政治改革與理想的代表，國民黨則是腐敗反動的代表，尤其又發生了二二八事件。二、就情勢看，中共在內戰占了上風，出現西瓜偎大邊的效應。

所以，二二八之後，中共在台灣的地下組織有較明顯的擴張，李登輝就是在這個階段加入了中共。這也可能是李登輝在總統任內建立綠島人權紀念碑，並公布白色恐怖政治受難者名單的心理背景，但他主要的目的是要藉此籠絡台獨人士。因此，李登輝與陳水扁果真是要平反中共地下工作者嗎？當然不是，他們只是想藉數千名中共地下工作者的長條名單以支撐「白色恐怖」的場面，來爲台獨先驅人物及台獨運動平反。白色恐怖政治受難者的第四類，正是台獨先驅人物。

戒嚴時代的白色恐怖當然可以批評，但後人將白色恐怖玩弄成「雞兔同籠」的架構，也是居心叵測。本書建議，白色恐怖政治受難者名單如今是以刑罰的類型分類（如槍決、徒刑等），未來應當改以案件性質（如中共地下工作者或台獨運動者）爲分類標準。這些，我們後面再談。

此處要說的是，在戒嚴時代受到白色恐怖事件波及的，其實主要就是中共派到台灣及在台灣發展的地下工作者。若以比較準確的定義來說，他們是台灣交戰敵對方的間諜，是地下工作者，是第五縱隊，而與一般所稱的民主運動者可能不是同一個概念。

如果地下工作者和民主運動者不是同一個概念，但白色恐怖紀念碑爲什麼把雷震這樣的民主運動者和中共地下工作者放在同一個祭壇上面？雞兔同籠。

中國連結的消長浮沉

現在，我們可以插一段話，先來談一談在台灣政治反對運動中的一個因素，就是「中國連結」的消長浮沉。

二二八以後，台灣的政治反對運動中，由於二二八形成的寒蟬效應，所以本土政治反對運動一直甚爲壓抑，因而反對運動中也一直存在著一種「中國連結」，從來沒有消失。

例如，一直到了一九七〇年的保釣運動，那時大陸正值文革的高峰，但台灣在美國的保釣學者學生仍然出現「回歸/認同」的風潮，他們覺得藍色中國保釣無能，紅色中國才能保釣，在此可見「中國連結」沒有消失。

接下來，也在七〇年代，黨外運動進入快速進展的階段，當年的主要精神動員平台之一是《夏潮》雜誌，這個雜誌和當年的鄉土文學論戰有關，是從社會主義的社會階級觀點來解讀台灣的政治，且標榜民族主義又沒有離開中國民族主義，這本雜誌對當年台灣反對運動的論述與動員有很重要的功能。它的主持人叫蘇慶黎，她是二二八要角中共黨員蘇新的女兒；後來蘇慶黎去到北京居住，也就在北京去世。還有，當年鄉土文學的旗幟人物陳映眞，走的也是左派的中國民族主義路線，稱爲「左統」，他於二〇一六年十一月在北京逝世。這些都顯示，一直到七〇年代中期，台灣反對運動的「中國連結」仍然存在，沒有消失。其實，現在台灣仍有很多統派團體，也相當活躍，「夏潮基金會」即其中之一，但其政治效應就不是那麼彰顯了。

那麼，爲什麼後來台灣政治反對運動的「中國連結」消失了呢？

一九七一年，聯合國的「排我納匪案」通過，中華民國退出聯合國，由中華人民共和國取代，這是一個涇渭分明的拐點。此後，台灣政治反對運動的本土因素及台獨因素迅速生成，而反對運動中的「中國意識」則漸漸由鬆動，到剝離，以至今日已呈現斷裂的跡象。這可從「三個效應」談起。

1.骨牌效應。失去聯合國席位，接下來即是中華民國快速失去了邦交國的承認，此一骨牌效應至一九七九年台美之間的「廢約/斷交/撤軍」爲高峰。到此地步，「中華民國政府爲代表中國的唯一合法政府」的國策論述已難立足，台灣的政治面貌亦全盤改觀。

2.破窗效應。本土反對力量趁勢而起，其中的主力是以「民主爲表/台獨爲裡」的勢力，並以較過去激烈的方法挑戰統治者的權威。破窗理論說，有人砸破了一片窗，就有人砸破其他窗戶。一九七七年的中壢事件是一高峰，一九七九年（台美正式斷交當年）的高雄美麗島事件則是一山又比一山高。

3.惡鄰效應。在台灣本土反對運動勃興之際，一九七六年，毛澤東死，接著發生四人幫事件。隨著中共內幕的揭露，台灣人始知大陸眞相甚至較國民黨的宣傳更爲驚悚。此一衝擊，使台灣反對勢力迅速脫離一九七〇年保釣時期「回歸／認同」的想像，「中國意識」開始幻滅與剝落。

一直到今日，台灣人仍將發生在中國大陸的種種政治人權事件，如逮捕維權人士等，儼然視爲「不是發生在台灣的二二八事件」；因此，反對與中華人民共和國統一，不願被中華人民共和國併呑，遂成爲多數台灣人超越黨派的一種政治共識。

於是，台灣的政治反對運動，亦從一九七〇年代始終不絕如縷的「中國連結」，走到今日「去中國化」的激烈極端。如果不能認知此種「惡鄰效應」，即不能理解台灣人的政治心態。

西山無名英雄廣場．泰源事件．馬場町秋祭

以上是插進來的一段話，再回到本題。

在台北的白色恐怖紀念碑竣工揭幕五年之後，二〇一三年，中國在北京的西山

落成了一座「西山無名英雄紀念廣場」，這是中共爲了紀念在台灣白色恐怖中受到死刑處分的一千一百名地下工作者而建立的表揚和紀念裝置，其中經確認並公布姓名者有八百四十六名。也就是說，北京也有了一座白色恐怖紀念碑。

我們看到的是，北京西山無名英雄廣場公布的英雄榜，和李陳兩屆政府公布的白色恐怖受難者的「槍決名單」是高度重疊的。爲什麼會發生這種情況？也許是李陳在公布白色恐怖受難者名單時，沒有想到北京隨後也會公布八百四十六名死刑殉難者的名單。這樣一來，兩份名單就撞在一起了。

更可能的狀況是，由於李登輝、陳水扁政府公布了受難者名單，北京就也必須公開這段歷史，隨後確認此一名單，並加以隆重表揚。如此，對照之下，呈現的卻是台灣所建紀念碑上的名單，竟然與北京地下工作者的英雄榜發生大比例的雷同。

比如說，西山無名英雄廣場的四大主角是吳石、朱楓（朱諶之）、陳寶倉和聶曦。吳石被捕時的身分是中華民國國防部中將參謀次長，陳寶倉也是中將，這是當年破獲的最重大的所謂匪諜案，中共現在爲他們四人建立塑像，安排成無名英雄廣場的典範人物，也就是樣板人物，就可看出他們的分量。

然而，李陳公布的白色恐怖受難者名單中，也可找到他們四人的名字。那麼，問題浮現了，他們究竟是中華人民共和國派到台灣工作的間諜，也就是當年所稱的匪諜？或他們是中華民國白色恐怖冤獄的受難者？

也許更特別的是，一九七〇年的泰源監獄事件，這個事件已被台獨團隊認定爲台獨起義事件。但涉及泰源事件的幾名主角的名字，居然也同時出現在白色恐怖紀念碑及西山無名英雄廣場的名單之中。台獨人物也在無名英雄的英雄榜上，這是一個奇異的重疊。

西山的無名英雄名單共分五十六組，泰源事件的江炳興列在十八組，鄭金河在五十三組，陳良在第五組，詹天增在五十組，謝東榮在四十一組。這是什麼？是無間道？還是北京指鹿爲馬？還是離間計？把台獨人物放在「無名英雄廣場」的祭壇上，這是什麼？是不是也是雞兔同籠？

看過了西山無名英雄廣場及博愛特區的白色恐怖紀念碑，再來看看第三個場景：「馬場町秋祭」。

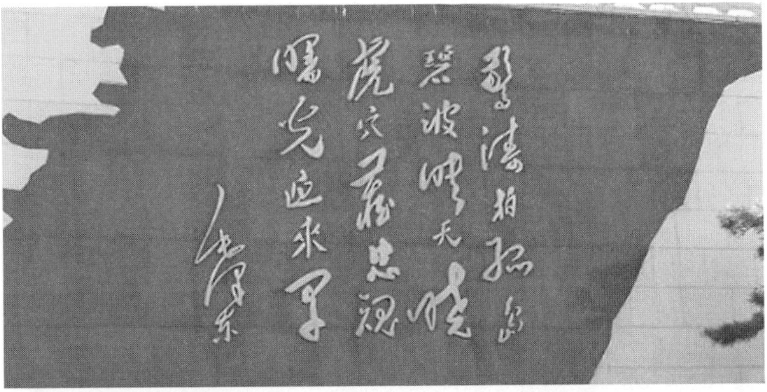

毛澤東為在台殉難地下工作者題詩悼念，刻於西山無名英雄廣場石壁上。文曰：驚濤拍孤島，碧波映天曉；虎穴藏忠魂，曙光迎來早。—毛澤東

這四尊雕像是北京西山無名英雄紀念廣場的代表人物。由左到右為陳寶倉、朱楓（朱諶之）、吳石及聶曦。

這四人的姓名也冊列在中華民國政府的「白色恐怖受難者」名單中。這四枚石刻的名牌，攝自台北「景美人權文化園區」白色恐怖受難者紀念碑。

馬場町在台北市萬華區，那是白色恐怖時期執行死刑的刑場。台灣有些人每年秋天在馬場町祭祀他們「五十年代的革命同志」。

> 秋祭會場有一個假塚，上面寫著「人民忠魂」，也能看到一幅巨幡，上面寫著「人民英雄永垂不朽」。這幾個字大家一定很眼熟，就是在天安門廣場人民英雄紀念碑上的毛澤東的題字「人民英雄永垂不朽」。兩者一模一樣。

在台北，有些人用毛澤東的悼文來紀念五十年代死於白色恐怖的他們的革命同志，說直接一點，他們自己都承認是在紀念「匪諜」；而李登輝、陳水扁同樣也以白色恐怖紀念碑來紀念這些「政治受難者」。

天安門廣場上的「人民英雄紀念碑」，毛澤東親題「人民英雄永垂不朽」。此圖攝在2005年4月底，近五一勞動節，天安門廣場依例布置出孫中山遺像。當時，北京正在接待連戰的「破冰之旅」。

難道李登輝與陳水扁想要表達的政治理念，與馬場町這場秋祭是相同的？這是李陳二人的「轉型正義」？還是中共地下工作殉難者的「轉型正義」？

李登輝、陳水扁似乎是把國共內戰與台灣的民主內戰混在一起了。只要是對抗戒嚴時代的國民黨政府，都是白色恐怖受難者；在此呈現出台灣政治上紅綠藍三者奇特的聯合與鬥爭。

現在，我們看過了凱達格蘭大道的白色恐怖紀念碑，西山無名英雄紀念廣場，和馬場町，我們看到了什麼一樣的地方？什麼不一樣的地方？這是怎樣的一幅梵谷的畫像？

2016年10月22日，台北市馬場町秋季慰靈大會，靈位上也出現「人民英雄永垂不朽」八個字，此為毛澤東的手跡，與天安門人民英雄紀念碑的題字隔海輝映。（圖片由世新大學新聞人報社授權使用）

天漸漸光．曙光迎來早

讓我們再回到西山無名英雄廣場。你會看到一塊碑石上毛澤東寫的一首詩：驚濤拍孤島，碧波映天曉；虎穴藏忠魂，曙光迎來早。

孤島，就是台灣；虎穴藏忠魂，就是地下工作。

大家看了這首詩，能不能為它下一個標題。有沒有想到有一個現成的，而且似乎也十分貼切的標題？

我覺得這個標題可以是：島嶼天光。

大家知道，〈島嶼天光〉是太陽花世代的聖歌。其中歌詞「天漸漸光」，就是「曙光迎來早」。

說到這裡，我們如果放大來看，在兩岸關係上，兩岸，兩千三百萬人，十三億人，對台灣都有他們自己的「島嶼天光」思維，我們要同時看到了兩岸這兩種不同的「島嶼天光」，才算是看到了一個「全臉的梵谷」。

不要以為只有台灣兩千三百萬人的「島嶼天光」才有熱情，才是正義；須知，對岸十三億人的「島嶼天光」，也有熱情，也自認是正義。正如，在白色恐怖受難者的名單中，中共地下工作者和台獨先驅人物，皆各有各的熱情與正義。

這裡再說一段插曲。二〇一六年十月二十二日，台北馬場町舉行一年一度的「五〇年代白色恐怖受難者追思慰靈大會」，有三十二位平均年齡八十六歲、總刑期超過三百年的當年政治受難者，拄杖坐輪椅赴總統府邀請蔡英文總統主持祭典，但蔡英文沒有出席。

然而，到了十一月五日，高雄旗津「戰爭與和平紀念公園」，舉行「征戰屬誰——追思紀念台籍老兵」的秋祭典禮，蔡英文成爲歷來第一位親臨主禮的總統。這個祭禮，雖說也祭二戰時期的台籍國軍、台籍解放軍，其實主要對象是祭奠二戰時爲日本效命與中國戰爭的台籍日本兵。

這是用人數極少的台籍國軍和解放軍，來掩護人數很多的台籍日本兵。手法形同用平反中共地下工作者，來掩護平反台獨人物。

而且這不是蔡總統第一次禮祭台籍日軍。同年六月二十五日，日本沖繩爲二戰台籍日軍建立了一座「台灣之塔」，蔡英文也以總統身分落款。

如果蔡總統要表現超越時空的政治高度，其實這兩個祭禮皆應參加。既能禮奠與中國作戰的台籍日本兵，也應向白色恐怖時期殉難的中共地下工作者及相關冤錯假案受難者行禮。何況，白色恐怖受難者是李登輝與陳水扁政府正式立碑紀念的對象。

蔡總統參與沖繩立碑向台籍日本兵禮祭，又在旗津行禮。假如她也赴馬場町向白色恐怖受難者行禮，則也不妨再赴北京西山無名英雄廣場，向同一批在台殉難的中共地下工作者獻花。大家想像這個場景，這是超越時空的政治高度，還是高度混亂的政治認同？

民主運動．革命運動

上面談了白色恐怖政治受難者的三種類型，現在說第四種，也就是台獨運動者，他們也在白色恐怖受難者的名單中。

台獨運動有一種「二元性」，一方面是革命運動，另一方面也是民主運動。民主運動是在中華民國憲政體制下的民主活動，革命運動則是以顛覆中華民國爲目標的革命行動。

台灣是一個極少數的，將整個國家的民主運動與革命顛覆運動構成雙軌並行的形態。西班牙的加泰隆尼亞與加拿大的魁北克或英國的蘇格蘭只有地方獨立的議題。

但是，體制內的民主與顛覆國家的革命畢竟不同。施明德就說，他是革命烈士，不是政治受難者；施明德的名字也在白色恐怖受難者名單中，但他拒絕了這個稱號，且一度拒絕領受所謂的白色恐怖受難者補償金。

想一想，就政治與法理上，台獨運動者的名字，是不是應該鐫刻在台灣國開國元勛紀念碑上，而不是像今天這樣自認台獨是冤獄而領受政治受難者的補償金。當台獨運動者與當年的匪諜同在一個紀念碑上，同樣可領補償金，這是台獨運動者追求的政治境界嗎？

吳石和姚嘉文同在一個紀念碑上，朱楓和呂秀蓮同在一個紀念碑上，這是不是雞兔同籠？

何況，台獨運動未來帶給台灣的結局，究竟是正數，還是負數，恐還言之過早。其實，這些領了補償金的人能不能成爲台灣國開國元勛也尚未可知，如今給他們補償，到了那一天如果台獨沒有實現，甚至台獨可能反而拖垮了台灣，那麼，誰來補償台灣？

在戒嚴時代，是以威權手段處理台獨運動。解嚴後，台獨不再是法律所能禁止，但解嚴了，亦並未因此證明台獨是一個正確可行的國家生存戰略。白色恐怖受難者的名單，也許是對台獨先驅者的政治平反，但並未證明台獨主張爲正確。

李登輝及陳水扁在本島與離島建造了三座台獨先驅者與中共地下工作者並立的紀念碑，有沒有想到其中的牴觸？還是，他們只想藉這個碑來羞辱戒嚴時代的國民黨政府而已？他們有沒有想過可能發生的認同衝突與錯亂？

後來，可能由於兩岸兩個白色恐怖紀念碑的名單撞在一起，就有人問，眞正的匪諜能不能領補償金，但後續也不知下文如何。

問題是：如果都定位爲「白色恐怖政治受難者」，豈可沒有補償？但如果是「匪諜」，則有無較「白色恐怖政治受難者」更適當的稱謂？

須知，在李陳政府統計的八千餘名「白色恐怖政治受難者」名單中，有極大比例的人數兼具「匪諜」與「受難者」的雙重身分。

由此可見，在「白色恐怖」的操作上，李登輝、陳水扁的心中只有政治鬥爭，沒有高度，甚至敵我不分。

如今，我們看到了北京立碑表揚在台殉難的地下工作者，也見到了中華民國立碑來紀念北京在台殉職的地下工作者，雙方皆稱他們為白色恐怖政治受難者。但是，我們卻未見到中華民國政府立碑來紀念表揚一九四九年後在大陸殉職的我方地下工作者。然而，在台灣這種政治情境中，還有為他們立碑表揚的可能性嗎？兩岸政治氛圍的差異由此可見，連地下工作殉難者的身後地位竟可如此懸殊。

再者，大家現在三不五時仍可看到有所謂的「共諜案」發生，這些共諜為什麼不能列入白色恐怖紀念碑的名單之上？要不要給他們補償金？若說戒嚴時代的匪諜就是受難者，解嚴時代的共諜就不是受難者，這也許有幾分理由，但這個理由顯然並不充足。

白色恐怖受難者名單應當重建分類標準

台北與北京各有一座「白色恐怖紀念碑」。

在台北凱達格蘭大道有一座。

在北京西山也有一座無名英雄紀念廣場。

比對這兩座紀念碑，有不少問題尚待探究。

本書的建議是：中華民國政府應當對白色恐怖政治受難者名單重建分類標準。

●北京的紀念碑稱，當年陸續派遣赴台的地下工作者約一千五百餘人，遭到死刑處分者達一一〇〇餘人，並公布了八四六名死者的姓名。台北公布的槍決名單則有一〇六一名。若北京的死者數字為正確（一一〇〇餘人），則尚多於台北的槍決名單（一〇六一名）。北京的名單出自中共組織檔案，台北的名單則計自審判案卷。出現此種差異，可以想像。

這兩份死者名單高度重疊。中華民國當局必須重建一個分類原則，至少應當區別出有多少死者可歸類為北京的地下工作者，又有多少死者屬其他類型的案件。這應是最低程度的分類標準。

冤錯假案．區別歸類

●最重要者，對冤錯假案應作出區別，歸為一類，這才是白色恐怖政治受難者的主體。例如，澎湖七一三事件張敏之校長等七名殉難者，只見於台北的名單中，未見西山的名單，可證為冤案。另，雷震案亦明顯為冤案。

●在北京公布的八四六名地下工作者名單中，有些顯然是北京直接派遣，也有一些台籍人士可能是就地加入。這也應當作出進一步的分類。更值得探究的是，目前只有兩岸的兩份死刑名單可作比對，則在李登輝及陳水扁政府統計的八千二百餘名白色恐怖受難者中，未受死刑的七千餘人，有多少可歸類為北京的地下工作者，又有多少屬於其他類型的案件或冤錯假案，也必須作出基本的分類。

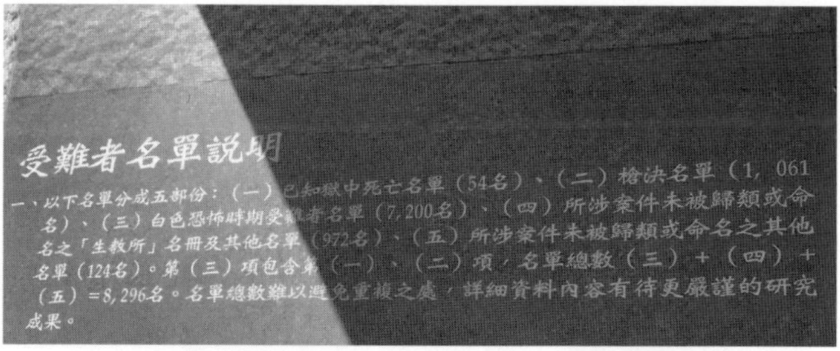
受難者名單說明
一、以下名單分成五部份：（一）已知獄中死亡名單（54名）、（二）槍決名單（1, 061名）、（三）白色恐怖時期受難者名單（7, 200名）、（四）所涉案件未被歸類或命名之「生教所」名冊及其他名單（972名）、（五）所涉案件未被歸類或命名之其他名單（124名）。第（三）項包含第（一）、（二）項，名單總數（三）＋（四）＋（五）＝8, 296名。名單總數難以避免重複之處，詳細資料內容有待更嚴謹的研究成果。

白色恐怖受難者名單統計，總數8296人，槍決1061人。

雷震案以匪諜案判組黨案，三名涉案者也在名單上，顯然是冤錯假案。

劉子英
12年
雷　震
10年
馬之驌
感化3年

澎湖七一三事件，發生在1949年，張敏之校長師生七人死難，列在白色恐怖受難者名單的排頭。

張敏之
1949.12.11
鄒　鑑
1949.12.11
劉永祥
1949.12.11
張世能
1949.12.11
譚茂基
1949.12.11
明同樂
1949.12.11
王光耀
1949.12.11
林正亨
1950.01.30

西山名單．兩個疑問

●西山無名英雄紀念廣場名單的兩個疑問：

一、陳儀，若非同名同姓，也在「驚濤拍孤島，虎穴藏忠魂」的名單上，列在第七組第十六名。

▪ 第七組（16名）：陳樹欉、陳水炎、
其、陳廷祥、陳萬君、陳維芳、陳文法
文堅、陳文山、陳梧桐、陳顯富、陳心
陳儀

在二二八事件時任台灣省行政長官的陳儀，於1950年以匪諜罪被槍決，他的名字也列在西山無名英雄名單上，尚待更確切的證據來敘說他的故事。

（檔案照片）

二、泰源監獄事件的主角江炳興等五人，可能是名單中僅見的因涉及台獨事件而受死刑者，卻竟也出現在西山無名英雄的名單上，成為更大的驚奇。

這類案例，北京應當拿出更確鑿的證據來支撐，不容有死者受到利用的質疑，死無對證。

相對而言，若以李陳政府「雞兔同籠」的標準來看，被槍決的陳儀也理應在白色恐怖政治受難者名單中，卻是漏列。

泰源事件犧牲之5烈士，左起為江炳興、陳良、詹天增、鄭金河及謝東榮。他們遭逮捕後，經過刑求，堅決不透漏其他參與事件的難友們，為了將實情流傳下來，堅稱鄭正成遭他們綁架，也因此未再牽連其他人。

台灣1970年「泰源監獄事件」的五名主角的姓名，出現在北京西山無名英雄廣場的846名台灣白色恐怖死難者名單上。

雞兔同籠．相互玷汙

●李登輝與陳水扁政府公布的概括性、混同性白色恐怖受難者名單，其共同及唯一的標準是對抗戒嚴統治的國民黨政府，也為主張顛覆及消滅中華民國的中共及台獨人物平反。所以，凱道、景美及綠島三座人權紀念碑，除去冤錯假案外，幾乎等同於「顛覆消滅中華民國之烈士志士受難者紀念碑」。

但是，對這些受難者而言，他們之間卻可能有根本不同的政治信仰及追求，如中共特工與台獨即是南轅北轍。如今李陳政府卻將台獨先驅、中共地下工作者，及民主運動追求者（如雷震，不效忠中共，也不效忠於台獨），及冤錯假案，一概丟入一個籃子裡，形成雞兔同籠的異象。不但殊非合理，也使受難者相互玷辱。人間汙辱，莫甚於此。應當重建分類標準，以重人權，並畫清路線是非，及尊重死者人格。

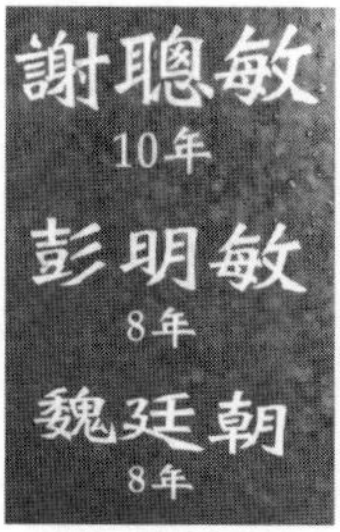

台獨先驅者是名單上的矚目人物。（圖，彭明敏案及美麗島事件人物）

有些被判無罪的案件，也列名單中。圖中的陸以正，後來是傑出的外交官員，廖祖述則成為國防部總政治作戰部執行官。

標語斑剝．難題仍在

「台獨即台毒／共產即共慘」，綠島政治犯監獄牆上的標語，經歷歲月風雨，漫漶斑剝，而涉案的台獨人士與中共地下工作者，皆經一紙白色恐怖政治受難者名單一律獲得平反。

現在，台獨是合法的政治主張，且已無動員戡亂時期定義的匪諜罪。但是，台獨運動與兩岸關係，仍是台灣糾纏未解的難題。這是台灣的政治特徵，也使今日中華民國的政治呈現出與台獨及兩岸競合並存的樣貌，舉世無二。

中華民國也成了世界上罕見的對於顛覆國家無法處理的國家。

大陸表揚．台灣紀念

誰搭誰的便車？

左頁的圖片，是李登輝與陳水扁政府公布的白色恐怖時期槍決名單的一頁取樣，經初步與北京西山無名英雄紀念廣場的死者名單比對，在此頁一七六個姓名中，至少有一六二人相同，約達九十二%重疊（圖中深色部分）。

這些死者在西山無名英雄紀念廣場受到表揚歌頌，在台北總統府前凱達格蘭大道的白色恐怖政治受難者紀念碑也受到紀念追悼。

也就是說，在此頁名單上的人士，有九十二%兼具「匪諜」與「受難者」的雙重身分。

李陳政府將中共地下工作殉難者與台獨先驅人物，同列白色恐怖政治受難者的名單上，一律平反。誰搭誰的便車？

難道是用「匪諜」的血骨，來支撐台獨的正當。然後，大家一起來分補償金？

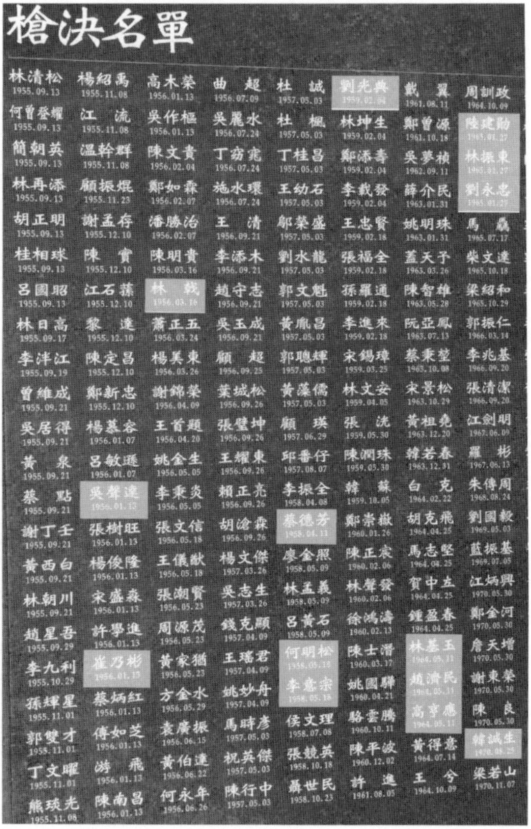

槍決名單
林清松 1955.09.13
何曾登耀 1955.09.13
簡朝英 1955.09.13
林再添 1955.09.13
胡正明 1955.09.13
桂相球 1955.09.13
呂國昭 1955.09.13
林日高 1955.09.17
李沣江 1955.09.19
曾維成 1955.09.21
吳居得 1955.09.21
黃 泉 1955.09.21
蔡 點 1955.09.21
謝丁壬 1955.09.21
黃西白 1955.09.21
林朝川 1955.09.21
趙星吾 1955.09.29
李九利 1955.10.29
孫輝星 1955.11.01
郭雙才 1955.11.01
丁文曜 1955.11.01
熊琰光 1955.11.08
楊紹禹 1955.11.08
江 流 1955.11.08
溫幹群 1955.11.08
顧振焜 1955.11.23
謝孟存 1955.12.10
陳 實 1955.12.10
江石蓀 1955.12.10
黎 達 1955.12.10
陳定昌 1955.12.10
鄭新忠 1955.12.10
楊慕容 1956.01.07
呂敏遜 1956.01.07
吳聲達 1956.01.13
張樹旺 1956.01.13
楊俊隆 1956.01.13
宋盛森 1956.01.13
許學進 1956.01.13
崔乃彬 1956.01.13
蔡炳紅 1956.01.13
傅如芝 1956.01.13
游 飛 1956.01.13
陳南昌 1956.01.13
高木榮 1956.01.13
吳作樞 1956.01.13
陳文貴 1956.02.04
鄭如霖 1956.02.07
潘勝治 1956.02.07
陳明貴 1956.03.16
林 戩 1956.03.16
蕭正五 1956.03.24
楊美東 1956.03.26
謝錦榮 1956.04.09
王首題 1956.04.20
姚全生 1956.05.05
李秉炎 1956.05.05
張文信 1956.05.18
王儀猷 1956.05.18
張潮賢 1956.05.23
周源茂 1956.05.23
黃家猶 1956.05.23
方金水 1956.05.29
袁廣振 1956.06.15
黃伯達 1956.06.22
何永年 1956.06.26
曲 超 1956.07.09
吳麗水 1956.07.24
丁窈窕 1956.07.24
施水環 1956.07.24
王 清 1956.09.21
李添木 1956.09.21
趙守志 1956.09.21
吳玉成 1956.09.21
顧 超 1956.09.25
葉城松 1956.09.26
張璧坤 1956.09.26
王耀東 1956.09.26
賴正亮 1956.09.26
胡滄霖 1956.09.26
楊文傑 1957.03.26
吳志生 1957.03.26
錢克顯 1957.04.09
王瑤君 1957.04.09
姚妙舟 1957.04.09
馬時彥 1957.05.03
祝英傑 1957.05.03
陳行中 1957.05.03
杜 誠 1957.05.03
杜 楓 1957.05.03
丁桂昌 1957.05.03
王幼石 1957.05.03
鄔榮盛 1957.05.03
劉水龍 1957.05.03
郭文魁 1957.05.03
黃胤昌 1957.05.03
郭聰輝 1957.05.03
黃藻儒 1957.05.03
顧 瑛 1957.06.29
邱番仔 1957.08.07
李振全 1958.04.08
蔡德芳 1958.04.11
廖金照 1958.05.09
林孟義 1958.05.09
呂黃石 1958.05.09
何明松
李意宗
侯文理 1958.07.08
張競英 1958.10.18
聶世民 1958.10.23
劉光典 1959.02.04
林坤生 1959.02.04
鄭添壽 1959.02.04
李載發 1959.02.04
王忠賢 1959.02.18
張福全 1959.02.18
孫羅通 1959.02.18
李進來 1959.02.18
宋錫璋 1959.03.25
林文安 1959.04.05
張 洸 1959.05.30
陳潤珠 1959.05.30
韓 蘇 1959.10.05
鄭崇嶽 1960.01.26
陳正宸 1960.02.06
林聲發 1960.02.06
徐鴻濤 1960.02.13
陳士滑 1960.03.17
姚國驊 1960.04.21
駱雲騰 1960.10.11
陳平波 1960.12.02
許 進 1961.08.05
戴 翼 1961.08.11
鄭曾源 1961.10.18
吳夢禎 1962.09.11
薛介民 1963.01.31
姚明珠 1963.01.31
蓋天予 1963.03.26
陳智雄 1963.05.28
阮亞鳳 1963.07.13
蔡秉堃 1963.10.08
宋景松 1963.10.29
黃祖堯 1963.12.20
韓若春 1963.12.31
白 克 1964.02.22
胡克飛 1964.04.25
馬志堅 1964.04.25
賀中立 1964.04.25
鍾盈春 1964.04.25
林基玉
趙濟民
高亨應
黃得意 1964.07.14
王 兮 1964.10.09
周訓政 1964.10.09
陸建勛
林振東
劉永忠
馬 驫 1965.07.17
柴文達 1965.10.18
梁紹和 1965.10.29
郭振仁 1966.03.14
李兆基 1966.09.20
張清潔 1966.09.20
江劍明 1967.06.09
羅 彬 1967.06.13
朱傳周 1968.08.24
劉國毅 1969.05.03
藍振基 1969.07.05
江炳興 1970.05.30
鄭金河 1970.05.30
詹天增 1970.05.30
謝東榮 1970.05.30
陳 良 1970.05.30
韓誠生
梁若山 1970.11.07

深色部分是西山與綠島兩份名單重疊部分

母親的眼淚與政治的痛苦

柏楊的題詞

第七十八頁的圖，是綠島人權紀念碑的精神裝置「垂淚碑」。當年的受難者柏楊（本名郭衣洞，不在西山名單上）題詞：

「在那個時代／有多少母親／為她們／囚禁在這個島上的孩子／長夜哭泣」

白色恐怖有一個順逆雙向的悖論。

世間所有的政治體制，皆可能出現此種悖論。

此一悖論，可分六個層級：

第一層，在「母親的眼淚」這個最高的層次上，打破了所有的界際。冤錯假案者的母親、民主運動者的母親、中共地下工作者的母親，及台獨運動者的母親，都會長夜垂淚。

在許多民主法治國家，如今也仍有叛亂罪及間諜罪，如台灣也仍有「共諜罪」，所以也還有長夜垂淚的母親。

第二層，向下的一個層次則是國民黨政府的白色恐怖統治體制。所有被白色恐怖手段波及者，皆可自認是受到迫害的冤獄，而主張平反並賠償。但也有如施明德者，自認為革命者，而非冤獄的受難者。至於北京公布的八四六名死難者，已確認其為地下工作者的身分，視其為成仁的烈士，似也不能歸類為狹義的「冤獄」。

第三層，再向下一個層次，按案件類型區分，冤錯假案、民主運動者、中共地下工作者及台獨先驅者，其間的性質差異極大，各別的政治信仰及追求也南轅北轍，甚至相互為敵。到了這個層次，已

母親的眼淚只有一種，但政治的理念與奉獻卻是多樣而分歧的。圖為綠島垂淚碑局部。

是雞兔同籠。

白色恐怖可以譴責，但涉案者的性質與政治路線不應混為一談。因此，名單的分類，不應以刑罰為標準（如槍決、徒刑、感訓、無罪等）；而宜參照本書，依案件的性質，分出四種或四種以上的類型。

第四層，再下一層是動態與延續的台灣社會公眾，他們在不同時代的不同環境中，在國家目標及國家生存戰略上會有不同的見解，也被不同的政治力量所影響及牽引。因此，如今，就分歧出現了綠紅藍的不同政治觀。有人紀念二二八，有人祭奠馬場町，有人護持中華民國。

第五層及第六層，再向下兩層為非台灣所能片面操控的兩岸關係

本專輯圖片攝自綠島人權紀念碑及綠島人權文化園區

與國際局勢，但二者皆嚴重影響並制約著台灣的生存。

在這個順逆雙向的六層悖論中，由上往下看，或由下往上看，也許會有不同的領悟。

母親的眼淚在普世都是一樣的，但在現實的政治鬥爭中，不同的人對世局、兩岸，及台灣內部政治卻各具懷抱，都有自己的梵谷畫像，各有各的熱情與正義。

所以，母親的眼淚也不能解釋及溶化人世的政治，這正是人間政治的痛苦。

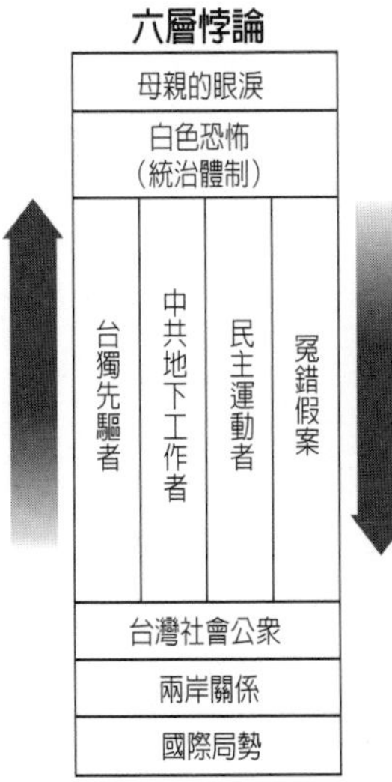

紀念堂．中正廟

四、最後，談中正紀念堂。中正紀念堂在台灣的藍綠政治裡，有兩種梵谷的面貌：

1.藍色面貌：蔣中正是中華民國正統的傳承者，也是革新保台的奠基者。蔣中正雖有二二八和白色恐怖的政治責任，但像前面說的，他也是台灣從三七五減租一直到由蔣經國完成亞洲四小龍龍頭的布局者與成就者。中正紀念堂是紀念蔣中正的功業的殿堂，這是藍色的面貌。

2.綠色面貌：蔣介石是二二八的屠夫，白色恐怖的凶手。蔣介石是台灣的剝削者與壓迫者，不配受到紀念，應當把中正紀念堂叫作中正廟。這是綠色的面貌。

蔣中正的功罪難論，當然不是我們今天的題目。我只想談二點我對於蔣中正、蔣介石的梵谷觀點，我要說的是，蔣中正兩次救了中華民國：

第一次是蔣中正沒有做汪精衛。抗戰時期，與日本議和的聲音不小。汪精衛主和，在南京另立政府。蔣介石代表中華民國正統，他堅決拒和。如果蔣也主和，後面的歷史可能有兩種發展。一、日本收編了中國，將中國的資源用於戰爭，結果打贏了，但中國成了日本的附庸，成了另一個滿洲國。不過，這是不可能發生的事，因爲最後還是有原子彈。二、日本收編了中國，中國也成了德義日軸心國的一員，最後戰敗。那麼，後來世界五強、聯合國安理會常任理事國，全沒了；中國成了戰敗國，反而可能被同盟國切得四分五裂，像韓國和德國一樣。這是蔣中正第一次救了中華民國。還有，如果中國成了戰敗的軸心國，後來可能就不一定會有中華人民共和國了。

第二次是蔣中正沒有做李宗仁。一九四九年，中華民國風雨飄搖。代行總統職務的副總統李宗仁稱病出亡美國。有人試探蔣介石要不要也出走，甚至美國也表示可以安排。但蔣介石決定留在台灣，因此也留下了台灣。當年，蔣介石如果一走了之，不論就當時的世局看，或就當時台灣的民情看，台灣唯一的下場就是成爲中華人民共和國的一省。這是蔣介石第二次救了中華民國。

所以，我們在場的人，不論你對蔣介石的評價如何，你以今天這個樣子的你坐在今天這樣的一個台灣的自由講堂上，其實大家都受到蔣介石的影響。沒有蔣介石，台灣已經是經過三面紅旗、文化大革命洗禮的台灣。我們在座，誰是紅五類？誰是黑五類？

我們回過頭來說中正紀念堂。藍色的中正紀念堂和綠色的中正廟，在二〇〇七年發生了一場強烈的衝撞，那是在陳水扁執政的最後階段。

台獨的政治目標是正名制憲，制憲就是要甩掉中華民國憲法，另外制定台灣國憲法，民進黨大老林義雄還發表過《台灣共和國憲法草案》。正名，就是改國號爲台灣國，在現況下，不可能正名爲台灣國，但可對重要的地標或概念變更名稱或創造名稱。比如說，新公園改名二二八和平紀念公園，匪諜改稱白色恐怖受難者，中正機場改名桃園機場，還有總統府前那個經常舉行示威活動的廣場，原稱介壽路，陳水扁把它改稱凱達格蘭大道。

二〇〇七年，也就是二〇〇八年總統大選的前一年。陳水扁政府在國政治理上表現欠佳，且又陷入貪腐醜聞。他自忖民進黨不可能以形象及政績贏得選舉，因此決定採取激烈的手法進行選戰。蔣介石是他選定的目標，他要把中正紀念堂正名爲台灣民主紀念館。

陳水扁把紀念堂正殿上方「中正紀念堂」的巨匾卸下，兩噸多重，換上「台灣民主紀念館」的新匾，又是兩噸多重。且將正門牌樓上「大中至正」四字，換成「自由廣場」四字。同時，將置放蔣介石銅像的正殿，飾以氣球、風箏及白色恐怖受難者的照片，以羞辱蔣介石。

這場「正名運動」轟動一時，主題是「去蔣介石化」、「去中華民國化」、「去中國化」。這也是一場象徵台灣政治反對運動與「中國意識」徹底對抗與割裂的典型事件。其實，這已不能稱作「政治反對運動」，因爲此時民進黨已是執政黨，操作的名稱叫做「轉型正義」。

中華民國加台灣

經過這一場波折，二〇〇八年，民進黨並未贏得總統選舉，選輸了，宣告下野。國民黨的馬英九當選總統，他在二〇〇九年將主殿「台灣民主紀念館」的新匾卸下，換回「中正紀念堂」。但他沒有拆去正門牌樓「自由廣場」四字，也就是沒有換回「大中至正」四字。

我覺得，馬英九是有意採取了這個折衷方法。一方面，換回「中正紀念堂」，維持了藍的傳承；另一方面，保留了「自由廣場」，容納了綠的思維。

這也許是馬英九作爲「全民總統」的一種自期，他或許希望在這個空間裡，能夠塑造一個藍綠兼容共存的政治形象。

但是，現在馬英九已經卸任，「中正紀念堂」與「自由廣場」仍然遙相對望，卻已成爲馬英九黃粱夢碎的象徵。

馬英九留下了「中正紀念堂」和「自由廣場」相互輝映。另有兩件異曲同工的作品是，陳水扁將總統府官網的英文名稱定爲Republic of China（Taiwan），Taiwan是陳水扁加的，他也把護照封面照樣改了：馬英九接任，他對陳水扁作的這兩件事都維持了下來，沒有改動。大家還記得馬英九最近訪問馬來西亞，他自製了一個名牌，上面寫著FORMER PRESIDENT OF THE REPUBLIC OF CHINA（TAIWAN）。

我覺得，中正紀念堂前有一個自由廣場，自由廣場後有一個中正紀念堂，這可能是台灣最美麗的風景。

2007年，陳水扁發動中正紀念堂正名為台灣民主紀念館事件，拆換牌匾，改變了正殿的裝置。

陳水扁政府將中華民國護照加印TAIWAN，馬英九政府延續此制。

這種能夠展現藍綠共榮雙贏的風格和氣魄，才是台灣的生路和出路。我把這樣的思維，稱作中華民國加台灣。

每次我有大陸朋友來訪，我喜歡帶他們到這裡來看一看中正紀念堂和自由廣場相互輝映的場景。作為一個台灣人，作為一個中華民國的公民，我覺得十分的驕傲，十分的偉大。

在此，可以先簡單地說一下馬英九。馬英九也許有幾分儒家思想。儒者說：天何言哉？四時行焉，百物生焉。又說：為政以德，譬如北辰；居其所，而衆星拱之。馬英九似乎有幾分相信這種「天體論」的統治之術。但是，民主政治不是天體論，而是一個「魔術方塊」。即使你是總統，也只是所有方塊其中的一格方塊而已。總統這一格方塊想要移動，必須要有推動所有方塊的能力，才能創造移動的空間。魔術方塊是「肉搏戰」，而不是「不沾鍋」的天體論。

現在，就來談一談「中華民國加台灣」。大家大概都知道「中華民國四部曲」：中華民國在大陸→中華民國到台灣→中華民國在台灣→中華民國是台灣。這個四部曲有沒有可能變成五部曲？也就是再加上一個「中華民國加台灣」。這個「中華民國加台灣」的中華民國，在法理上和國家生存戰略上沒有切斷一九一二年創造的中華民國，也沒有切斷一九四九年以前的中華民國，而是加上了在台灣的從光復、二二八、白色恐怖、中壢事件、美麗島事件、三七五減租、亞洲四小龍龍頭等等等等，一直到今天經過七次修憲、六次總統直選及三次政黨輪替的中華民國。這樣的「中華民國加台灣」的中華民國，有國民黨的貢獻也有

「中華民國五部曲」
↓中華民國在大陸
↓中華民國到台灣
↓中華民國在台灣
↓中華民國是台灣
↓中華民國加台灣

國民黨的傷害，有民進黨的貢獻也有民進黨的傷害，它可說是「白馬非馬的中華民國」，也是「白馬還是馬的中華民國」。

這就是中正紀念堂和自由廣場相互輝映的中華民國，也就是Republic of China（Taiwan），這是不是一幅最美麗的風景？中華民國加台灣。

在兩岸關係上，中華民國加台灣的中華民國，有了連結點，也有主體性。

以上，我們將總統府方圓六、七百公尺內的地帶，看作一張梵谷的畫像。這裡面有藍色的梵谷、綠色的梵谷和紅色的梵谷，因此就有錯綜複雜的歷史分歧、價值分歧、認同分歧，和國家生存戰略分歧。請問，你看到的是怎樣的梵谷？請問，哪一個是眞正的梵谷？

或者，藍色的梵谷、綠色的梵谷與紅色的梵谷相加的梵谷，才是一個完整的梵谷。我們不能只看梵谷的左耳，也不能只看梵谷的右耳，不能掉進「梵谷畫像的陷阱」。

上述這些，都不是兩岸關係的枝節問題，對台灣來說，都是兩岸關係的根源所在。

第4章

兩岸三角大格局

4、兩岸三角大格局

接著，我們來看看兩岸紅綠藍三方面的幾張大場景的梵谷畫像。在談論藍綠紅的大場景梵谷畫像之前，先來看一看今天兩岸藍綠紅的三角大格局是誰定下來的。

可以很準確地說，是蔣經國定下了這個大格局。

蔣經國最後親自宣布了解嚴和開放探親兩大政策，這是把台灣民主化和兩岸交流綁在一起了。

台灣民主化和兩岸交流綁在一起以後，必然的發展就是北京很難逼迫台灣在不情願下統一，因爲台灣人民懂得利害輕重不會輕易答應；而且，台獨也很難逼迫台灣法理獨立，也因爲台灣人民也懂得利害輕重也不會輕易答應。

把台灣民主化和兩岸交流綁在一起以後，不論統派或獨派，都要走民主的程序。所以，今天兩岸出現了「不統／不獨／不武」的可能性，並可能在「不統／不獨／不武」的過程中醞釀出一個未來的兩岸解決方案，這是蔣經國建立的架構。

尾巴搖狗

蔣經國一生，在台灣民主化和兩岸開放上，可以說分成三個階段：

一、禁止它發生，比如戒嚴、刑法一百條。

二、準備它發生，尤其是經濟及教育的準備。

三、使它發生，就是解嚴，開放探親。

他的分期付款的政策操作可以說相當成功，最後也可以說他盡到他的人生責任，也盡到了他的政治責任。

如果蔣經國生前不作出解嚴和探親這兩個決定，而是由台灣內部的力量逼迫開放民主化，或是由北京來撬開了台灣的門，台灣內外局面的動盪和風險皆不可想像。

蔣經國的這個最後向政治責任完全埋單結帳的動作，不是一種人性的必然。北韓的金家王朝，就沒有這種可能性。毛澤東，也是一錯再錯，最後也沒有收拾殘局的責任感和能力，他只想到接班者能繼續他的路線，防止他被鞭屍。他寫了一個字條給華國鋒，你辦事，我放心。看金正恩，看毛澤東，蔣經國的「禁止它發生／準備它發生／使它發生」，應當得到他應有的歷史評價。

回過頭來看，蔣介石沒有做汪精衛和李宗仁，也未必是人性的必然。畢竟，在這世界上還是有汪精衛、李宗仁這一類的人物。

所以，雖然兩岸形勢懸殊，大陸大，台灣小，但因蔣經國操持主動，主動，這是兩個關鍵字，解了嚴、開放探親，把兩岸關係放在「民主」和「交流」上定了調，現在連北京也跳不出這個架構。這可以說是尾巴搖狗，以小搏大，我認爲這樣的表現十分精彩。但這個架構未來的成敗，是兩岸後人的責任。

北京的政策與謀略

接著就談兩岸藍綠紅三方面幾張大場景的梵谷畫像。

先看紅色梵谷，也就是北京方面的。很早以前的「解放台灣」那個時代的就不說了，我們只談大約四十年來的兩張主要的紅色梵谷，也就是北京兩岸政策的兩條路線。

第一條路線，有兩個基本元素。一、中華民國已經滅亡論。中華民國在一九四九年已經終結了。二、老三句：世界上只有一個中國，台灣是中國的一部分，中華人民共和國政府是代表中國的唯一合法政府。請大家注意這裡的第二句和三句，準備和接下來的「新三句」比較。

這兩個元素，一直到現在，仍然是北京兩岸政策的主線。這是說，一個中國就是中華人民共和國，中華民國已經滅亡，沒有一中各表的空間。

這第一條路線，側重的是「目的論」。目的論，就是否定中華民國，吃掉中華

主線/政策

●中華民國已經滅亡論

●老三句　世界上只有一個中國，台灣是中國的一部分，中華人民共和國政府是代表中國的唯一合法政府。

→ **目的論**

民國。

第二條路線，這是剛才所說第一條主線的輔助線。

二〇〇〇年，民進黨首次執政，五月上任；八月間，中國國務院副總理錢其琛發表了所謂的「新三句」，不同於「老三句」。

錢其琛的新三句是：世界上只有一個中國，大陸和台灣同屬一個中國，中國的主權和領土完整不可分割。

這第二條路線，出現了「過程論」。過程論，也就是櫓櫓看。櫓櫓看是台灣俗話，意思是雙方推來推去、磨來磨去，可指雙方往復試探、討論、交涉、折衝、談判、糾纏、攪和、討價還價、角力或對抗。中文沒有這麼生動的詞彙。

在新三句裡，已經看不到「中華人民共和國政府是代表中國的唯一合法政府」這樣的表述。這個變化，即使不是政策上的變化，也是謀略上的變化。

更可注意的是，第二句「大陸和台灣同屬一個中國」，在老三句裡，這一句是「台灣是中國的一部分」。在這句話裡所說的「一個中國」，可以解讀爲是高於

「大陸」和「台灣」之上的一個政治概念，也就是「第三概念」或「上位概念」的「中國」，也就是大屋頂中國。

這當然是一個過度的解讀，卻也是一個可能的解讀。就看雙方如何互動與引導。

當然，北京不再說老三句，並不是說眞正放棄了這個論述，而只是在謀略上不說出來而已；但是，只要不說出來，這裡面就會在兩岸出現不一樣的互動空間和機會。這就是由目的論轉向了過程論。

大家應當已看出來了，主線是政策，輔線是謀略。就台灣來說，希望這種北京在謀略上的變化，能夠變成北京在政策上的變化。

輔線／謀略

●新三句 世界上只有一個中國，
大陸和台灣同屬一個中國，
中國的主權和領土完整不可分割。

→ **過程論**

北京爲什麼會把老三句改成新三句？謀略上至少有兩個原因。

一、如果北京繼續說「中華人民共和國政府是代表中國的唯一合法政府」，或者說「一個中國就是中華人民共和國」，兩岸的這一齣戲還有可能唱下去嗎？我們可以說，一定唱不下去，因爲台灣的反抗會很大，有可能抵死不從。

二、由於「一個中國就是中華人民共和國」已經成了世界性的架構，所以北京也就不必說了。

但這裡又出現了一個弔詭，北京已經至少大概有二十多年不再說「老三句」，不說「一個中國就是中華人民共和國」，但換成台灣在近幾年拚命說「一個中國是中華民國」，而北京對此不表示異議，且更巴不得台灣要說「一個中國是中華民國」。你看，每次蔡英文講話，北京就要點算，她有沒有說中華民國，說了幾次中華民國。

北京不說「一個中國就是中華人民共和國」，但希望台灣說「一個中國是中華民國」，這是很滑稽的弔詭。

當「一個中國」的定義出現了議論空間，兩岸關係的架構也就出現了調整的可能性。這就是過去、現在及未來兩岸之間最重要的一個議題：「一中各表」。

什麼叫做「一中各表」？也就是大家來櫓櫓看。

汪道涵否定了中華民國滅亡論

以上說的是北京官方的兩條路線，一條是老三句，一條是新三句，其中可以看出北京的政策思考和謀略操作的改變。最能顯示從老三句到新三句的思考轉折的拐點，應當是首任海協會會長汪道涵在一九九七年提出的「共同締造論」。

汪道涵的理論有兩個重要觀點：

一、現在進行式的一個中國。他說：一個中國不是「現在式」，因爲目前很困難，也不是「未來式」，因爲可望不可即，夜長夢多。因此，爲何不用「現在進行式」？也就是「現在進行式的一個中國」。

汪道涵說的「現在進行式的一個中國」，就是中華民國和中華人民共和國同時存在的一個中國。在此，中華民國沒有滅亡。

二、共同締造論。他說：「一個中國不等於中華人民共和國，也不等於中華民

一中各表

過去，現在，未來，兩岸之間最重要的議題。

一中各表，就是大家櫓櫓看。

國，而是兩岸同胞共同締造統一的中國。」他並說：「所謂一個中國，應是一個尚未統一的中國，共同邁向統一的中國。」

汪道涵說，一個中國不等於中華人民共和國，也不等於中華民國，就是中華人民共和國是一部分的中國，中華民國也是一部分的中國，中華民國沒有滅亡。他說「共同締造統一的中國」，在理論和邏輯上，必然是「第三概念」或「上位概念」的中國。

在大陸方面，汪道涵在一九九七年就能提出這樣的看法，不能不說眞是高瞻遠矚。不過，我們在汪道涵的理論中，也可很清楚地看到他應當是受到一九九二年「九二共識／一中各表」的影響。當然，當時還沒有「九二共識」這個名詞。這是因爲，先生下一個孩子，名字是後來取的。

現在，我們就來看一下我方在「九二共識」函電中的一段基本論述：「在海峽兩岸共同努力謀求國家統一的過程中，雙方雖均堅持一個中國的原則，但對於一個中國的涵義認知各有不同。」

此處說「雙方均堅持一個中國的原則」，這是一中；「對於一個中國的涵義認知各有不同」，這是各表。這裡我們只是引述了九二檔案中的這一句，但從九二會談的函電檔案可知，當時的焦點就是在強調中華民國和中華人民共和國的同時存在。

汪道涵的論述①

現在進行式的一個中國

一個中國不是現在式
因為很困難
也不是未來式
因為可望不可即　夜長夢多
因此　為何不用現在進行式
也就是現在進行式的一個中國

汪道涵的論述②

共同締造論

一個中國不等於中華人民共和國
也不等於中華民國
而是兩岸同胞共同締造統一的中國
一個中國應該是一個尚未統一的中國
共同邁向統一的中國

這就是「一中各表」。這個連標點五十一個字的「一中各表」，潛力是十分豐富的，在這裡頭，台灣存有「尾巴搖狗」的可能性，至少影響了、啓發了汪道涵，或得到了汪道涵的呼應。

如果用我的觀點來看汪道涵的理論，在他的理論，其實也可看到筷子理論、杯子理論，和大屋頂中國。現在進行式的一個中國就是杯子理論，共同締造論就是大屋頂中國。

我要說的是，其實大陸方面也有「大屋頂」或「第三主體」這類的想法。台灣應當做的是，如何使這類想法在大陸的政策菜單上占有優勢。

北京的「沒有完成的答卷」

但是，汪道涵提出這個看法後，一度受到大陸鷹派的強烈反擊，有人說「汪道涵憑什麼這樣說」，因而最後沒有完整地成爲北京的官方政策，但其影響卻迄今不衰。他在一九九七年提出此案，到了前面所說的二〇〇〇年錢其琛的新三句裡面，其實已可見到包含了汪道涵理論的影子。近二十年這個影子一直出現在中共的官方論述中，在此可以簡略舉出四個例子。

一、中共十八大政治報告說：「探討國家尚未統一特殊情況的兩岸政治關係，作出合情合理的安排。」

九二共識的台灣論述

在海峽兩岸共同努力謀求國家統一的過程中，雙方雖均堅持一個中國的原則，但對於一個中國的涵義認知各有不同。

這句話可以注意的是：北京以前是「唯統一論」，沒有統一，就是分裂；現在它接受了「國家尚未統一特殊情況的兩岸政治關係」，這也就有一點「現在進行式的中國」的味道，也有一點「杯子理論」的味道。因爲，「國家尚未統一特殊情況的兩岸政治關係」，當然就是中華民國與中華人民共和國隔岸分治的關係。

至於「作出合情合理的安排」，既對明明沒有滅亡的中華民國，竟以「中華民國已經滅亡論」待之，如何能謂「合情合理」？

因此，所謂「作出合情合理的安排」的懸念，豈不正是一張迄今北京方面仍然「沒有完成的答卷」？

二、國台辦前主任王毅說：「儘管雙方對一個中國的認知有所不同，但可以求同存異，求同存異正是九二共識的精髓。」

這句話裡也有汪道涵的味道。「求同存異」已可說幾乎就是「一中各表」的同位語。但只是幾乎「同位」，並非完全相等，這個我們後面再說。

三、同樣意味的話，二〇一三年國台辦前副主任孫亞夫也說：「求一個中國之同，存一個中國政治涵義之異。」

四、二〇一四年六月國台辦前副主任孫亞夫和美國在台協會理事主席薄瑞光分別領導的陸美二軌團隊在紐約舉行了一個會談，據說，在會中出現了一種思考：能否就一國兩制中「一國」的概念，以承認中華民國的方式而重新定義？我們來看，如果能夠出現「承認中華民國存在的一國兩制」（現在進行式的一個中國），是不是就有可能出現「不消滅中華民國的統一」（共同締造論）？

胡錦濤時期的兩個主要觀點

前述這類論述甚至成為胡錦濤主政時期兩岸政策的主體架構，有兩個主要觀點：

一、北京兩岸政策的主旋律，從「和平統一」轉化為「和平發展」。也就是從

胡錦濤時代的兩岸政策

●和平統一 → 和平發展
（目的論）　（過程論）
●一中涵義　求同存異

「統一」的目的論，轉化成「發展」的過程論。不強調目的，而強調過程。二、不強調「一中」的定義，在一中定義上可以「求同存異」。用台灣的語言說，就是「一中各表」。

這兩個觀點，非常重要。大家知道，胡錦濤在二〇〇八年三月，馬英九當選總統後的第四天，和美國小布希總統通熱線電話，他曾親口說了，他主張一中各表的九二共識，或九二共識的一中各表。後來北京的政策論述雖從「一中各表」，退回到「求同存異」；但是，如果兩岸能繼續操作這條路線，相互給對方一些鼓勵和回饋，也許可以累積出一些正面的成果。

但是，隨著習近平主政（他的風格與胡錦濤不一樣），和民進黨重返執政（政策變了），這兩個胡錦濤時代的觀點都受到重大的衝擊。這些，我們後面再說。

台獨黨綱．台灣前途決議文

再談綠色的梵谷。綠色的梵谷畫像，由於角度和時差的變化，可說是變化最大的政治畫像；這部分大家都十分熟悉，我就略過不說了，只簡單說一下兩個重要文件，亦即台獨黨綱與台灣前途決議文，這當然也是一個「半臉的梵谷」。

一、台獨黨綱。這是大家最熟悉的文件。台獨黨綱公布於一九九一年，主要內容是：1.建立主權獨立自主的台灣共和國，制定新憲。2.主張台獨公投。也就是說，台獨黨綱的整個概念就是正名制憲路線。

發布台獨黨綱當時的情勢是：1.解嚴後，台獨意識噴發。2.大陸在一九八九年發生天安門事件，中國崩潰論成爲顯學。

二、台灣前途決議文。這是借殼上市的基本文件。主要論述是：1.台灣是一主權獨立的國家，依目前憲法稱爲中華民國。2.反對「一個中國」或「一個中國原則」。

台灣前途決議文發布於一九九九年，主要背景是陳水扁要參與次年二〇〇〇年的總統大選。決議文與台獨黨綱對照，已向中華民國靠攏。有趣的是，一九九九年同年，李登輝發表「兩國論」，卻向「獨」的光譜靠攏，其實其中也有選舉操作的意味。陳水扁藉台灣前途決議文拉中間選票（李遠哲等向他靠攏），李登輝則借兩國論拉綠營選票（當年尚無綠營之稱），這是一般較少觸及的角度。

說到這裡，大家或許會發現，李登輝在一九九九年建置綠島人權紀念碑，公布了平反台獨的白色恐怖政治受難者名單，同年也發表了兩國論。這兩個方向一致的動作，皆有爲國民黨在二〇〇〇年總統大選爭取淺綠選票的意圖。但當年連戰、宋楚瑜二組候選人分裂了國民黨的選票，李登輝因輔選連戰失敗而被逐出黨，遂投入了台獨陣營。

統一公投．台獨公投

台灣前途決議文發表時，發生了一件巧合的事。

我於一九九八年在聯合報社論中反覆提出「統一公投」的概念。

「統一公投」與「台獨公投」的不同是：

統一公投主張，在統一議題出現時，由台灣人民公投決定「要不要與中華人民共和國統一」，這是一種防禦性的公投，或被動性的公投。

台獨公投則主張，由台灣人民公投決定「要不要推翻中華民國」，這是一種攻擊性的公投，或主動性的公投。

第二年，一九九九年民進黨發布的《台灣前途決議文》主張：台灣依目前憲法稱爲中華民國，與中華人民共和國互不隸屬，任何有關獨立現狀的更動，都必須經由台灣全體住民以公民投票的方式決定。

因此，《台灣前途決議文》所主張的公投，已不是「獨立公投」，而是「對任何有關獨立現狀更動的公投」，也可說就是一種「統一公投」。

後來，曹興誠還倡議過《統一公投法》。

所以，有人認爲《台灣前途決議文》可視爲「獨台」或「華獨」的一種形式，但更準確的說法是借殼上市。因爲，此一決議文明揭反對「一個中國原則」。

台獨運動的正向價值

在進一步討論前，我想先說一說台獨運動對台灣政治的正向價值。一、台獨運

台獨公投　由台灣人民公投決定「要不要推翻中華民國」，這是一種攻擊性的公投。

統一公投　在統一議題出現時，由台灣人民公投決定「要不要與中華人民共和國統一」，這是一種防禦性的公投。

動爲台灣的民主運動添加重大動能。二、「台獨意識」激發了「台灣意識」，協助建立了台灣的「主體性」。三、在兩岸關係中，台獨扮演黑臉，成爲台灣在兩岸博弈中的重要槓桿。四、拉長了兩岸關係的縱深，加大了兩岸議題的深度與廣度。五、台獨使顛覆國家，及社會分化成爲日常的民主議題，使台灣的民主幾乎沒有禁忌與底線，就民主言民主，這已是百無禁忌的民主，也是深刻而徹底的民主。

這些觀點，我曾發表於二〇一三年六月二十九日的聯合報社論中。

如果把這些文字簡化，台獨運動的正向價值可作：

一、添加民主動能。
二、激發台灣意識。
三、扮演黑臉槓桿。
四、拉長兩岸縱深。
五、穿透民主底線。

說到這裡，我要談一談「意識形態」和「國家生存戰略」的差異。台獨作爲一種「意識形態」，它在理念、信仰及感情上是可以理解的，但台獨若要做爲一種「國家生存戰略」可能就比較貧弱單薄。

每一種國家生存戰略都要有一種意識形態支撐，但不是任何的意識形態都能成爲有利或有效可行的國家生存戰略。如馬克斯主義，其人道精神及政治鬥爭謀略都很吸引人，但若作爲國家生存戰略，萬一把大躍進土高爐看成了生產手段，把人民公社看成了分配手段，那就成了大悲劇。

台獨可以成爲台灣政治上反對黨的招牌菜，但不可能成爲中華民國執政黨、執政者操持的國家生存戰略。例如，陳水扁上任就說四不一沒有，蔡英文上任就說正視中華民國的存在。

意識形態與國家生存戰略的差異

每一種國家生存戰略都要有一種意識形態支撐，但不是任何的意識形態都能成為有利或有效可行的國家生存戰略。

至於有些政治人物，明知台獨不可能，但仍持以撕裂社會、愚弄民眾，此爲等而下之，令人厭惡。

民進黨一向幾乎將「台獨」視爲「民主」的同義詞，好像主張台獨就等於主張民主，主張民主就應當主張台獨。這是一個有待商榷的說法。一、台灣大多數人民未必主張法理台獨。二、台獨不可能僅因台灣範圍內的「民主」而獲得實現。三、台灣陷於台獨的糾纏，正是在國家生存戰略上的致命盲點。

這種「台獨等於民主／民主等於台獨」的套套邏輯，框限了國家生存戰略，也框限了民主，不啻是作繭自縛的愚行與悲劇，也儼然是將台灣的民主導向了最危險及最無用之處。

外擊型台獨．內殺型台獨

綠色的梵谷畫像的變化，主要是反映了台獨運動高低起伏的變化，也反映了台獨論述在朝或在野的不同變化。比如說，民進黨在野時說「中華民國是流亡政府」，在朝時說「正視中華民國的存在」。這是一個很複雜也很長的故事，我們今天沒有時間細說。我只說一個觀點，就是台獨的兩個面貌。一、外擊型。二、內殺型。

台獨的第一個面貌，台獨是一個「內向事件」，也就是以顚覆及終結中華民國爲目標。

台獨的第二個面貌，台獨是一個「外向事件」，也就是要對抗中華人民共和國的統一主張，並必須打破世界上「一個中國」的國際架構，使台灣在國際上成爲一個新而獨立的國家。

這兩個面貌，內向事件與外向事件，其實是一個銅板的兩面。

由於台獨是一個外向事件，所以有「外擊型的台獨」，以對抗中國及國際上的

台獨運動的兩個面貌

- 外擊型 → 外向事件
- 內殺型 → 內向事件

「一中架構」爲目標。

又由於台獨是一個內向事件，所以又有「內殺型的台獨」，以顛覆中華民國，及分化台灣爲手段。

如今，從大的趨勢看，外向性外擊型的台獨已漸漸消退，但內向性內殺型的台獨仍然存在。由於外擊型消退，內殺型仍然存在，台獨就漸漸成爲只是台灣內部的政治爭議，甚至成爲只是綠營內部路線鬥爭及權力鬥爭的外溢題材而已。

二〇一六年民進黨執政，看起來好像台獨的聲勢提高了，但那只是內向性內殺型的台獨的聲勢提高了，但外向性外擊型的台獨情勢可能已經落到一個歷史性的低點。外擊型台獨降低，沒有發展空間；但內向性內殺型台獨升高。這可能是蔡英文政府的最大困難。我們後面再談。

馬英九的不統不獨不武

再談藍色的梵谷。藍色的梵谷畫像，從蔣介石的反攻大陸，到蔣經國的三民主義統一中國，到李登輝的國家統一綱領，再走到馬英九的「九二共識／一中各表」，又走到洪秀柱的「求同存異／一中同表」，由於角度與時差的變遷，也出現許多版本。

目前，國民黨兩岸政策的主架構可說仍是馬英九架設的，但已發生內訌。馬英九的兩岸政策是：「九二共識／一中各表」，「不統／不獨／不武」。

一中各表，「一中」就是連結點，「各表」就是主體性。一中各表，就是反對「中華人民共和國政府是代表中國的唯一合法政府」。依據中華民國憲法，就是憲法一中。我們主張一個中國就是中華民國也許沒什麼力氣，但我們說出一個中國就是中華民國的時候，只要說出來就表示，這個一個中國不會是中華人民共和國。

再說「不統／不獨／不武」，因爲主張「不統／不獨」，明顯是不強調「目的論」，而是強調「過程論」，也就是強調和平發展。

然而，馬英九的兩岸政策受到批評，最主要的也正因他看起來太過強調「過程論」，而幾乎迴避了「目的論」。但是，兩岸現況其實並無處理「目的論」的條件，因此他的「過程論」也就格外凸顯。不過，馬英九也不斷表示，「一中各表」不能「一中亂表」，不能表成「兩個中國」、「一邊一國」，且又強調「不獨」，這也可謂是對於「目的論」的表態。

由此可見，過程論與目的論之間的平衡，仍是兩岸關係的重要思考。

如今，馬英九三個字已經是一個被汙名化甚至妖魔化的名詞。但我們不妨蓋上遮掉馬英九三個字，再平心靜氣地評價一下這個論述架構的價值所在。

「不統/不獨/不武」，先談「不獨」，我們對實際上「做不到」的事說「不做」，其實沒有損失；如果台獨其實已是沒有可能的事，說「不獨」也可說沒有實際損失，當然是感情上的失落；「不統」延緩了統一的壓力，這個很有用；何況，說了「不獨」，才能說「不統」；如果只說「不統」，不說「不獨」，在兩岸攤不平；再說「不武」，就是和平發展，這對兩岸都是很好的事。所以，兩岸應延長「不統/不獨/不武」的過程，不統不獨不武的過程愈長，應當愈能創造兩岸關係的正向條件。

從「過程論」和「目的論」來看，兩岸必須先有一個「合理的過程」，才有可能建立「改善的目的」。在兩岸到達「改善的目的」之前，合理的過程，就是

「一中各表」、「不統／不獨／不武」，這對台灣尤其重要。

現在，沒有了馬英九，「不統／不獨／不武」好像走不下去了，「一中各表」也可能被拋棄。但是，大家可以想一想，要解決兩岸的問題，是不是仍然必須重建一個「不統／不獨／不武」的過程。**我們可以沒有馬英九，但兩岸不能沒有「不統／不獨／不武」。**

布胡熱線．馬習會

其實，在過去馬政府八年，馬英九的兩岸操作，確實也發生了一些「尾巴搖狗」的作用。**北京對「一中各表」所持的態度是「在內部政策上不承認，在對外操作上不否認」。**大家應還記得王毅的「憲法說」，那也是一種「一中各表」。在北京的操作下，一中各表就像台北捷運的文湖線，有時冒出來，有時潛下去。**台灣的努力方向，應當是希望它冒出來，別潛下去。**

何況，北京在馬政府的八年任期，從開頭到結尾，都處理過「一中各表」。

先談開始：在二〇〇八年三月二十六日，馬英九首次當選總統後的第四天，胡錦濤和小布希接上熱線，胡錦濤就明白告訴布希「九二共識就是指雙方都認知只有一個中國，但同意對其有不同的定義」。

新華社英文版當時對胡錦濤熱線談話的報導如下：

It is China’s consistent stand that the Chinese Mainland and Taiwan should restore consultation and talks on the basis of “the 1992 consensus”, which sees both sides recognize there is only one China, but agree to differ on its definitions.

其實，胡錦濤說的明明白白就是「一中各表」。

再談結尾：二〇一五年十一月七日馬習會，馬英九卸任前夕，馬英九在閉門會和會後的國際記者會都談到一中各表，而馬習會的儀節，如名稱「大陸領導人／台灣領導人」，晚餐分攤餐費等，都有「一中各表」的含意。

我要說這些，馬政府八年，開頭布胡熱線一中各表，結尾馬習會一中各表，這是在顯示北京也在試探「一中各表」這一條路的空間和可能性。只要雙方操持得當，雙方都給對方一些鼓勵和回饋，這裡面也許會找到兩岸僵局的鑰匙。

第5章

二〇一六震盪

5、二〇一六震盪

但是，二〇一六年民進黨重返執政，上述這個局面受到了很大的衝擊，我們可以稱這是二〇一六震盪。以下分成綠色震盪、藍色震盪、紅色震盪三部分來說。

一、綠色震盪：蔡政府不接受九二共識。

二、藍色震盪：洪秀柱推翻了一中各表。

三、紅色震盪：北京從「過程論」走回到「目的論」，也從新三句走回到老三句。

先說綠色震盪，蔡政府不接受九二共識。我們要弄清楚的是，蔡英文不接受九二共識，根本不能解決「反對台獨」的問題。北京說「九二共識，反對台獨」，但難道沒有了九二共識，北京就不能反對台獨嗎？其實，不接受九二共識，蔡英文最大的損失是失去了「一中各表」。所以，要維持九二共識，不是因爲九二共識「反對台獨」，而是有九二共識才有「一中各表」的空間。失去了一中各表，也就失去了不統不獨不武的憑藉，也就失去了「正視中華民國存在」的憑藉，也就失去了大家來櫓櫓看的可能性；兩岸的過程論就會惡化，目的論就會尖銳起來。這當然是台灣的重大損傷，也是一個非常嚴重的後果。在這裡，我們看到，蔡英文丟掉了一中各表，她可能闖了大禍。因爲，九二共識皮之不存，一中各表毛將焉附？

二〇一六年舉行總統大選，我們回顧在二〇一三至二〇一四年初民進黨內的氣氛。當時，民進黨內在兩岸政策上主張轉型的分貝相當高，謝長廷說「民進黨過去兩岸政策失敗」，姚人多說「說服大多數人民相信可以台灣獨立的時代已經過去」，蘇貞昌說「不能再走回頭路搞台獨」，且一下子柯建銘提「凍結台獨黨綱」，一下子童振源提「中華民國決議文」……。這些這些，都顯示當時民進黨內有一股相當強烈的要轉型、要改弦易轍的氛圍。

二〇一四年一月，蔡英文的「小英基金會」派出林全率團訪問大陸，這更是蔡英文在兩岸搭橋的大動作，她是派她心念中的首任行政院長赴大陸訪問，這可以說已經爲她可能當選總統的兩岸互動建立了一個最高層級的兩岸架構。蔡英文要林全到北京，是要北京看一看，林全是一個務實派的老藍男，而不是老綠男。當時大家的看法是，民進黨就要轉彎了，民進黨會轉彎的。

但是，三月十八日的太陽花事件顛覆了整個情勢。不過，太陽花只是再度升高了內殺型的台獨，對外擊型的台獨其實沒有貢獻。

蔡主委否定陳總統

現在，蔡政府卡在不接受「九二共識」。但是，蔡英文眞的不接受九二共識嗎？眞的沒有接受九二共識嗎？我們不妨看一看蔡英文對「九二共識」的基本看法。

她說：「在一九九二年，兩岸兩會秉持相互諒解、求同存異的政治思維進行溝通協商，達成了若干的共同認知與諒解，我理解並尊重這個歷史事實。」

好了，我們現在可以把這段話裡的所有煙幕性、裝飾性的累贅詞句全部拿掉，結果會發現，其實蔡英文說的是：我理解並尊重「九二兩會達成的若干共同認知與諒解」。

若更簡化，就成了「九二認知」。

那麼，這算不算蔡英文其實已接受了「九二共識」？

當然，還不止這些，蔡英文也說了「依據中華民國憲法（這是暗示憲法一中）和兩岸人民關係條例（這是暗指一國兩區），處理兩岸事務」。這其實是在用另一種語言表達「九二共識／一中各表」。

別忘了，蔡英文還談到「求同存異」，前面說過，這是北京方面表達處理「一個中國的認知」的語言，「求同存異」可以說就是「一中各表」的代用語。

如此一來，蔡英文其實是以「九二會談／求同存異」，替代了「九二共識／一

太陽花事件供應了蔡英文2016年勝選的動能，但也中斷了民進黨可能進行的轉型工程。

中各表」。

總之，蔡英文等於什麼都認了，都接受了，就是沒接受「九二共識」這四個字而已。

原因很多，主要的原因是，陳水扁二〇〇〇年上任時，曾公開表示接受「一個中國/各自表述」的九二共識；但就在第二天，當時的陸委會主委蔡英文推翻了這個說法，並稱「兩岸從無『一中原則』共識」，此後民進黨即一路反對九二共識。

獨派正是以這段過程來挾制蔡英文，蔡主委曾在九二共識上否定了陳總統，如果蔡英文現在回過頭來接受九二共識，恐怕獨派不會善罷甘休。

這段情節，正是蔡英文作繭自縛的開端。

回到一中原則・爭取一中定義

北京視「一中原則」爲九二共識的「核心意涵」，而蔡主委當年卻說「兩岸從無『一中原則』的共識」。

但是，今天的蔡總統，其實已回到了「依據中華民國憲法及兩岸人民關係條例」，也回到了「正視中華民國的存在」。也就是說，她其實已經是在主張「憲法一中」及「一國兩區」，而「憲法一中」及「一國兩區」即已進入了「一中原則」或「一中各表」的範疇之中。

一中原則，憲法一中，一中各表，簡單明瞭，但蔡英文就是說不出口。只見她反覆重申「中華民國憲法」與「中華民國」，並一再保證「承諾不變/善意不變」。

她的意思是說：我已經說了「依據中華民國憲法和兩岸人民關係條例」，你們

這是聯合報的兩則頭條新聞，相隔一天，呈現了蔡英文主委否定陳水扁總統的狀況。

就不要再逼我說出「憲法一中」和「一國兩區」了。你們自己去翻翻政治辭典，就知道我的潛台辭說的是什麼了。

但是，北京卻裝作聽不懂，它一定要從蔡英文口中聽到「一中原則」或「兩岸一中」或「一中各表」四個字，或也可接受這四個字的替代語詞。無論如何，「一中」，這個「核心意涵」不可少。

馬英九時代的「九二共識」是「一中各表」。蔡英文也十分清楚，她今後的兩岸出路也在「一中各表」（不論用什麼替代性語詞來表達），除此別無他途。

但是，蔡英文如今連「一中」都說不出口（儘管她已默認接受了憲法一中），也就根本找不到通向「一中各表」的出路。

攀附「中華民國憲法」，卻不說出「憲法一中」或「一中各表」，蔡英文使自己陷於幾乎無解的嚴重矛盾之中。

北京不太可能接受蔡英文以「九二會談／求同存異」來取代「九二共識／一中各表」；因為，其中看不到「一中原則」或「兩岸一中」。北京可以接受「各表」，但不能沒有「一中」。

蔡英文的難處，其實不在不能接受「九二共識」四字，而是獨派不容許她回到「核心意涵」的「一中原則」，所以她只能說到「中華民國憲法」及「承諾不變/善意不變」爲止。

蔡若能回到「憲法一中」，必然就回到了「一中各表」，也就不必拚死抗拒「九二共識」這四個字。對蔡英文來說，只因「一中原則」說不出口，所以才不能接受「九二共識」。

北京當然也把這些看在眼內，所以更加堅持要聽到「一中原則」或「兩岸一中」這四個字。對北京而言，一中原則才是核心意涵。北京會認爲，蔡英文是不是接受「九二共識」這四個字，可顯示她是否已擺平了獨派的掣肘。

或許，蔡英文的「九二共識」困境仍有解方。藥引是將「兩岸從無『一中原則』的共識」，轉移至「兩岸從無『一中定義』的共識」。

也就是，因爲「憲法一中」，「一中」可不爭議，但「一中」的定義必須櫓櫓看。

蔡英文也許可用「九二函電」來代替「九二共識」一詞。

因爲，對台灣而言，「九二函電」的主體就是「在海峽兩岸共同努力謀求國家統一的過程中，雙方雖均堅持一個中國的原則，但對於一個中國的涵義認知各有不同」。此中即埋藏了「不獨」及「一中原則/各自表述」；而且，這些也正是蔡英文自己表示的，她所理解與尊重的，在九二會談中「秉持求同存異的政治思維」，所達成的「若干共同認知與諒解」。

或許，蔡英文只須回到「九二函電」，就可形成「九二函電/求同存異」的架構。

接下來，可以再慢慢地逐步敘明或暗示，「求同存異」與「一中各表」有相通之處。

蔡英文必須警覺：不回到「一中各表」（或換個說詞），台灣就沒有出路。但如今連「一中」也不說，又如何「各表」？

一中，就是「雙方雖均堅持一個中國的原則」；各表，就是「但對於一個中國的涵義認知各有不同」。因此，若能把「九二函電」搬出來，也許就不必回到「九二共識」四個字了。

也就是，暫用「九二函電／求同存異」，來取代「九二共識／一中各表」。「九二函電／求同存異」，較蔡政府現在所採的「九二會談／求同存異」，其指涉及意義皆更爲明確，北京應可視此爲已向前邁了一步。如果要走回這條路，蔡政府的論述邏輯可以是：

「我們理解且尊重九二函電以求同存異的精神來處理兩岸政治分歧問題，並依據中華民國憲法來認知及處理有關分歧。」

如此，即可分段逐步將「九二函電／求同存異／憲法一中／一中各表」串在一起，或許即可躲過「九二共識」四字，並建立一個北京所說的「兩岸新共識」，或蔡英文所說的「兩岸互動新模式」。

此一表述架構的文字不拘，可再斟酌，唯爲了免除蔡政府的最大困難，並回應北京的最大關切，其中的要領是：

一、用「兩岸政治分歧」來指涉「一中原則」的議題，北京過去也時常將這兩個名詞相互通用。如此，蔡政府或許可暫時避免直接使用「一中原則」的詞句，減低內部衝擊。這是避開了蔡英文的最大困難。

二、用「九二函電」來指涉「一中各表」，亦即「雙方均堅持一個中國原則，但對一個中國的涵義認知各有不同」。這是在引申，所謂「兩岸政治分歧」，就是指「一中原則／各自表述」，也點出了「求同存異」就是針對「一中原則」的「求同存異」，雙方即可相向而行。這是回應了北京的最大關切。

而且，如此一來，「兩岸政治分歧」及「求同存異」這兩個詞句，皆出自北京的兩岸語庫，北京當可接受其自創的詞彙。

三、挑明「依據中華民國憲法來認知並處理有關政治分歧」，則是在標舉「憲法一中」，以便走回「一中各表」的立場。

四、無論如何，仍必須從「九二共識」（九二函電）入手。一旦走出「九二函電」，就恐怕走不回「一中各表」了。記住，九二函電皮之不存，一中各表毛將焉附。

當然，這樣的論述架構，必須兩岸雙方各調整一步才能成立。北京暫時勿勉強蔡政府一口氣直接說出「一中」（對方的最大困難），但蔡政府也必須更清楚地向「九二函電／一中原則／各自表述」的核心意涵靠攏（對方的最大關切）。

然而，此一架構，恐怕也只能作雙方下台的第一階，待下了台後再求進一步磨合與發展。不過，無論使用什麼修辭的方法，蔡政府的戰略目標，仍應設法站到「一中各表」的高度，始能可進可退。

二〇一七年二月五日，海基會舉行台商春酒。台商轉述，蔡英文在席間稱，下半年可能會是提出新政策宣示的較好時機。那也就是將在她就職總統一年之後，亦在本書出版之後。

內向事件．內部解決

問題在於，「兩岸一中」既是繞不過去，獨派能不能給蔡英文打開空間？獨派若至少能給她類似接受「九二函電／求同存異」的空間，北京的門也許就可打開。但獨派若不肯給她這個空間，北京的門即使開著，她也走不過去。

所以，蔡英文現今面對的情勢是：外擊型的台獨已經十分衰弱，只剩內殺型的台獨仍然強硬。由此亦可以看出，所謂台獨問題，主要成了只是民進黨或綠營內部路線鬥爭和權力鬥爭的外溢題材而已。

因此，蔡政府若要解決台獨問題，由於外擊型台獨衰弱，不可能由外部因素去解決，也就是不可能要美國放棄「一中政策」（川普政府也不可能吧？川普或任何美國政府，能保證支持台獨、全力實現台獨，並在台獨實現後永遠鞏固台獨嗎？），且也不可能要北京容忍台獨；因而，台獨的問題只能從內部因素尋求解決，也就是必須重建或改造民進黨及蔡政府的社會覆蓋（由上往下看），或重建改造民進黨及蔡政府的社會支持（由下往上看），也就是要設法甩掉內殺型台獨的政治綁架，並要設法說服太陽花世代的「天然獨」。這就是：內向事件，內部解決。

三個漸凍

或許，我們不必在這個時候對未來情勢作出過早的評論，但我願意說出我的主觀看法：這個「外擊型弱/內殺型強」的局面，可能引發的趨勢，也許不是「地動山搖」，而是「漸凍人效應」：

一、台獨漸凍。以蔡英文現在的操作，台獨，尤其是外擊型的台獨會更有發展嗎？不可能。

二、中華民國漸凍。以蔡英文現在的操作，中華民國或一中各表會更有發展嗎？不可能。

三、經濟漸凍。所以，經濟也會發生困難。

我認爲，蔡英文不是看不到這樣的危機。現在，她呼籲北京「正視中華民國的存在」，一方面好像在「捍衛中華民國」、「維護中華民國」，但另一方面其實也在「求助於中華民國」、「求救於中華民國」。在這裡又可想一想杯子理論：杯在水在，杯破水覆。

民進黨現在要想一想：我們是用台灣國、台獨來對抗中華人民共和國比較有用？還是用中華民國來抗衡中華人民共和國比較有用？這是一個國家生存戰略的選擇問題。

台獨非台灣的民主所能承載

民進黨若要處理台獨纏身的問題，似可仿效蔣經國「禁止它發生／準備它發生

／使它發生」的步驟，逆向操作，也就是：

主張它：台獨黨綱，正名制憲。

模糊它：台灣前途決議文，中華民國是台灣。

淡出它：憲法一中，一中各表，中華民國加台灣。

畢竟，在兩岸關係取得終極解決方案之前，如果不能「正名制憲」，除了「一中各表」之外，寧有他途？

這就是：內向事件，內部解決。

台獨問題要從台灣內部解決，也只能從台灣內部解決；更要從民進黨的內部解決，更只能從民進黨的內部解決，也就是須從民進黨內部的權力與路線鬥爭去解決。

台獨絕無可能。在戒嚴時代，是以威權手段處理台獨問題。在解嚴後，要改以民主方法處理台獨問題，不能用民主、民粹來炒作台獨。方法手段雖有不同，但都必須化解問題，因為台獨絕無可能實現。

統不統一，可以是一個民主問題。但若要台獨，卻非台灣的民主所能承載。

台獨不解決，台灣將久陷於內耗內殺。須知：浮沙不能建塔，滾石不生苔。畢竟，民主也有做不到的事。比如，全民免稅，及台獨。民進黨以民主來主張台獨，是玩弄民主，也是玩火，更是作繭自縛。

在中華民國和台灣國之間，台灣只能選一個。左顧右盼，必陷進退維谷，兩頭落空。

蔡英文的人格氣質與思維模式似不同於李登輝與陳水扁，她能否鑽出自縛之繭，可待觀察。

一中各表．一中同表

再談藍色震盪，洪秀柱推翻一中各表。

洪秀柱在二〇一六年十一月一日的洪習會上提出：「求一中原則之同，存一中涵義之異」。這等於將「九二共識／一中各表」推翻，改成「九二共識／求同存異」，或「一中同表／求同存異」。有幾點可談：

一、前面說過，過去馬政府八年，說「一中各表」，北京說「求同存異」，其中有很大的交集。但是「一中各表」和「求同存異」畢竟不完全相等。如果相等，馬政府爲何不說「求同存異」？北京爲何不說「一中各表」？正因二者不完全相等。

二、一中各表主要是在提示：一個中國是有兩種說法的，你說是中華人民共和國，我說是中華民國；這裡強調的是「正視中華民國的存在」。也就是，不是只有你，別忘了還有我。

求同存異，則強調「求一中原則之同」，可以「存一中涵義之異」，但不強調「各表」；在這個架構中，看不出「中華民國」與「中華人民共和國」的對照狀態。因爲，「存一中涵義之異」，也可打包存到儲藏室裡去。

一中各表是要挑明標示出差異，求同存異就可能隱諱迴避差異。

過去，當台灣說「一中各表」，大陸說「求同存異」，這時候「一中各表」可以成爲「求同存異」的對照、補充，與引導。但當台灣放棄「一中各表」，兩岸只剩下「求同存異」，就像在大太陽底下看不到星星，中華民國就消失了。強大的中華人民共和國就像一個黑洞，把中華民國吞沒。

這「一中各表」和「求同存異」，若用奈米的尺度衡量，可看出極大的差異，若用公尺或公里的尺度來衡量也許就感覺不出差異。或許可以這麼說，「求同存異」是一種概念或態度，「一中各表」則是一種規定、一種方法、一種路徑及保障。

三、其實，洪秀柱不是第一個在中國大陸領導人前面說「求一中原則之同，存一中涵義之異」的國民黨領導人。連戰見胡錦濤，吳伯雄見習近平都說過同樣的話。那是因爲，當時連吳二人想說「一中各表」，北京阻止；所以他們不能說「一中各表」，只能用北京的尺度說「求同存異」。

一直到馬習會，馬英九才終於說出一中各表。所以，確實沒有任何一位國民黨主席或前主席在中國領導人當面說過一中各表；當馬英九在習近平面前說一中各表時，他不是國民黨主席，而是中華民國總統，卻是以「台灣領導人」的身分說的，這是比國民黨主席更高的規格。由此可見，國民黨一直將「一中各表」看成比「求同存異」更高階的政治論述，以超越「求同存異」爲目標。

尤其，當蔡英文也站上了「求同存異」的立場，即可看出洪秀柱的自毀長城，退到了民進黨的同一位階。

四、洪秀杜原來的訴求是「一中同表」，她還說過「不能承認中華民國的存在」。如今在新政綱中拿掉了「一中各表」，甚至說這是「九二共識以外的另一選項」，也就是根本連「九二共識」都不要了，遑論「一中各表」。後來，因黨內意見紛亂，她突然站上了「求一中原則之同，存一中涵義之異」，這其實是從「一中同表」退回來了。但是，她也已經推翻了「一中各表」長期建立的戰略地位。

五、一般認爲，洪秀杜是爲了競選連任黨主席，才採取這樣的路線，因爲有黨員大多傾向深藍的結構性問題；但她若連任，又想再競選總統，她必定還會再回頭向「一中各表」靠攏。因爲，畢竟洪秀杜並沒有自創出一個「九二共識以外的另一選項」，只要九二共識四字還在，就可以有時候「一中各表」，有時候「求同存異」，搬來搬去，這就是政治的靈活，也是政治的荒唐。

何況，北京未必會放棄「九二共識」四個字。只要北京穩守「九二共識」，洪秀杜就不可能弄出一個「取代九二共識的另一選項」。從此次洪習會可以看出，北京目前仍將「一中各表」及「一中同表」看成國民黨的內鬥，並沒有明確地選邊站。

北京會不會放棄國民黨

六、「一中各表」是我方建立的論述架構，但「求同存異」則是北京建立的論述架構。

「一中各表」是馬英九好不容易攻上的山頭（尚非馬英九「攻下」的山頭），但洪秀柱卻唏哩嘩啦一口氣就撤退了下來。

現在，馬英九建立的台灣話語權「一中各表」，被洪秀柱推翻，倒向了北京的話語權「求同存異」。這可說是乾坤顛倒，攻守易位。原來是尾巴搖狗，現在又回到狗搖尾巴。

馬英九想做的是，將北京從「求同存異」引導向「一中各表」；但洪秀柱的動作卻是自己先從「一中各表」退回到「求同存異」。

誰能料到：馬英九八年的努力，其實並沒有被蔡英文推翻，卻竟然被洪秀柱一夕斷送。政治多麼可怕？政治多麼廉價？

在這裡，我們可以說，洪秀柱也闖了大禍。

七、洪秀柱提「一中同表」，大陸有些智囊的反應十分興奮。但我認爲，除非北京要放棄國民黨，否則就不會（應）丟掉「一中各表」。

在可見的未來，如果台灣失去「一中各表」，其後果是：1.無一中各表，「一個中國」的概念在台灣無以立足。2.無一中各表，台灣反台獨及非台獨的勢力即告解構。3.無一中各表，將使民進黨沒有退路。以上三點，無一對北京的兩岸政策有利，所以不可輕試。

因此，除非北京打算放棄國民黨，就應當不會甩掉「一中各表」。

我們試想，北京會在什麼情況下放棄國民黨？

那就是，當北京認爲，國民黨再也沒有可能東山再起、捲土重來，亦再也沒有重返執政的可能性，也就是認爲國民黨是再也扶不起的阿斗了，北京就會另作打算。

1.如果國民黨已無重返執政的可能性，那麼北京只能期望國民黨維持做一個中型或小型的政黨，只要扛起傾中反獨的旗幟就可以了。

2.北京要維持國民黨存在，主要的目的是在延續一九四九年的國共內戰論述。如果國民黨沒了，國共內戰的論述也玩完了。

3.國民黨如仍有東山再起的可能，北京就會維持「一中各表」的操作；因爲，北京也知道，沒有一中各表，國民黨根本走不下去。但若北京判斷國民黨已無捲土重來的可能性，北京就會思考要不要在此時藉洪秀柱切斷「一中各表」，免得尾大不掉。

但是，如果在此際切斷了「一中各表」，國民黨就絕無重返執政的可能性，且必然更加弱化、小型化、邊緣化。

國民黨一旦弱小至微不足道，兩岸即失緩衝，民進黨就陷唇亡齒寒的處境。

從新三句走回老三句

現在我們來說紅色震盪。二〇一六以後，北京從「過程論」走回「目的論」，並從新三句走回老三句。

中國外交部發言人耿爽

二〇一六年十月十一日回應蔡英文總統國慶演說

新三句：世界上只有一個中國，

大陸與台灣同屬一個中國，

中國的主權與領土完整不可分割。

二〇一六的台灣變局，北京視爲其兩岸政策的非常重大的挫敗。馬英九的「一中各表」可說是「認同對等論」或「認同靜止論」，你是PRC，我是ROC，到此爲止，不要再推下去；「不統不獨不武」則可說是「目標淡化論」或「目標迴避論」。這些，都是「過程論」，原本就使北京不太滿意或很不滿意，卻仍維持「雖不滿意，但勉強忍受」的態度，甚至在很長一段時間中，不得不接受馬英九的「尾巴搖狗」。

但是，經過二〇一六的變局，認同對等論和目標淡化論都維持不住了，甚至被北京說這是「和平分裂」，是獨台，還說馬英九是「民進黨的同路人」，甚至說馬英九和李登輝、蔡英文「走的是同一條歪路」；這些都是要朝馬英九潑髒水，破壞他的形象，進而否定他的政策「一中各表」，已至過河拆橋的地步。進而，北京取而代之的政策是強調統一的「目的論」，而且是在老三句的架構上發言。大家可以注意，這段時間，北京官方又經常再提「和平統一／一國兩制」，一國兩制的「一國」，當然是老三句的「一國」，也就是沒有了「一中各表」的空間。

我們比較一下中國外交部發言人耿爽的兩段談話。在二〇一六年十月十一日，他回應蔡英文總統國慶演說對國際空間的談話，耿爽說的是新三句。到了發生川普和蔡英文通話，耿爽在十二月四日的回應則變成了老三句。這是很明顯的從新三句走回老三句的軌跡。

中國外交部發言人耿爽

二〇一六年十二月四日回應蔡英文川普電話

老三句：世界上只有一個中國，

台灣是中國領土不可分割的一部分，

中華人民共和國政府是代表中國的唯一合法政府。

二〇一六年十二月二十日，聖多美普林西比宣布與中華民國斷交，這是蔡政府上任後失去的第一個邦交國，可能預告骨牌效應的開端。中國外交部即時評論此事說：「眾所周知，聯合國大會通過了二七五八號決議，明確中華人民共和國政府是代表全中國的唯一合法政府。該決議所確認的一個中國原則已成為國際社會的普遍共識。」

在此，二七五八號決議與老三句掛鉤。

也就是說，就北京的立場看，或許不統不獨不武這個騎驢看唱本走著瞧的時代已經結束。北京要的將是一個有指向性（orientation）及目標性（destination）的路徑圖，一切指向統一的目標，而不是一個open end的不統不獨不武，不再是騎驢看唱本走著瞧。不再是過程論，而是目的論。新的局面是，狗搖尾巴，不再是尾巴搖狗。也可能是敬酒不吃吃罰酒。

這個重大的變化出現在兩岸博弈中，台灣受到了重大的損傷。

新的情勢是，統一的目的論會在兩岸之間升高，一個中國的定義也會更緊縮。台灣必須對此有所防備，蔡政府當然是首當其衝。

第6章

兩岸關係未來發展

6、兩岸關係未來發展

現在，讓我們想一想，兩岸的未來可能如何發展，也想一想台灣要如何走下去。

在兩岸關係中，台灣有兩個「繞不過去」。第一個繞不過去的是「一個中國」是繞不過去的，所以台灣應當爭取「一個中國」的定義權。比方說，主張「大屋頂中國也是一個中國」，也就是汪道涵的「現在進行式的一個中國」。

但是，未來情勢可能拉高到統一的壓力將會增加。那麼，台灣的第二個繞不過去的就是「統一」繞不過去。統一繞不過去就要爭取「統一」的定義權，比方說「在大屋頂中國下的統一也是統一」，也就是共同締造論。

統一三形態

我在這裡提出一個架構：統一三形態，兩岸五階段。

所謂「統一三形態」，是認爲「統一」不是只有一種「統一」。

統一不是只有一種統一，至少有三種：

●一種是「被統一」，就是我吃掉你，你吃掉我。

●另一種是「輕統一」，如兩岸交戰政府轉爲分治政府，簽訂和平協議。甚至，我們若把「九二共識／一中各表」當做過渡性的正式共同政治基礎，這也可能成爲一種「輕統一」。再者，美國智庫提出的「中程方案」（interim agreement），或「暫行架構」（modus vivendi），均類此。

●第三種是「互統一」，就是你不吃掉我，我不吃掉你的統一，也就是共同締造論，也就是大屋頂中國。

蔣經國的「三民主義統一中國」，拿今天的認知來看，很可能發展出一種「互

統一三形態

●被統一

●輕統一

●互統一

統一」。鄧小平的「你不吃掉我、我不吃掉你」的統一，拿今天的認知看，也可能發展出一種「互統一」。

被統一，就是消滅中華民國的統一；互統一，就是不消滅中華民國的統一，就是大屋頂中國。邦聯或歐盟模式，皆是可以參照的政治架構。

這個架構可稱作「統一三形態」，思考方向是放下「被統一」，經過「輕統一」，向「互統一」移動。

統一三形態的期望效果是：

一、釋放統一的壓力。就是放輕。

二、放緩統一的時程。就是放慢。

三、制約統一的意涵。就是放寬。

互統一・另一次尾巴搖狗

兩岸如今陷入嚴重僵局，如果就此發展下去，情勢將會很複雜也很凶險。

二〇一六年十二月十二日，美國總統當選人川普說，他不再受一中政策的捆綁；他似想把一中政策當作商品，上了架，台灣成為大國政治討價還價的交易貨品。台灣如果被捲進這樣的風潮，那將是一個很複雜也很凶險的情勢。

但是，美國絕無可能片面解決兩岸問題，而兩岸問題終究要兩岸自己解決，也就是終究要回到兩岸自己櫓櫓看的局面。

不出所料，川普正式就任總統後，二〇一七年二月九日與習近平的電話中，他又回到了「尊重『一個中國』的政策」。時距他說不受捆綁，僅五十九天；距他正式就任，則僅二十日。

所以，當有一天兩岸情勢再走回頭的時候，恐怕已不可能回到「不統／不獨／不武」的那種不強調目的的互動關係；未來要兩岸關係繼續發展，就很難迴避「和平協議」或「統一」這類的題材。兩岸關係如果是一隻驢子，要在它前面掛上一根紅蘿蔔，才走得下去。這根紅蘿蔔，若不是和平協議，就是統一。**沒有紅蘿蔔，驢子不肯走了。如果出現統一的壓力，台灣的最後防線就是「互統一」。**

我不認為，政治人物，不論是國民黨或民進黨在此時能提出「互統一」的主張。統一的壓力不發展到那一天，不可能有政黨敢提出「互統一」的方案。**但我**

認爲，民間必須有這種心理準備，當壓力累積並臨到了那一天，「互統一」就是最後一道防線。

其實，「互統一」也不全然是一消極性的防禦性架構，它更可能是一個積極性的攻勢性方案。倘若有一天，台灣能建立共識，在一定時機、一定條件下，主動提出「互統一」，亦即以「不消滅中華民國的統一」爲戰略目標，以「共同締造論」和「大屋頂中國」與北京相折衝，那也許又可翻轉兩岸的互動架構，再次形成尾巴搖狗的態勢。

由於現今台灣的氣候未備，此刻提出「互統一」的概念顯然過早；但希望當台灣社會悟知「互統一」的攻守意義之日，不要來得太遲。

對於台灣來說，開出統一的條件，並堅持統一的條件，應當比堅拒統一還要有力，也還要有利。杯子理論及大屋頂中國即是台灣可以開出並堅持的條件。這也許才是對台灣最有力及最有利的國家生存戰略。如此，始有可能化被動爲主動，化守勢爲攻勢，始有可能尾巴搖狗。

相對而言，對於北京來說，也必須認眞考慮「不消滅中華民國的統一」。因爲：倘要堅持「消滅中華民國」的「被統一」，即很難實現「和平統一」；若要實現「和平統一」，即必須思考「不消滅中華民國的統一」的「互統一」的路徑。

兩岸五階段

至於「兩岸五階段」，是假設性從台獨出發，要走向兩岸關係的正向發展，也許要經過五個階段。這五個階段是：

台獨→借殼上市→一中各表→和平協議→共同締造論或大屋頂中國。

兩岸五階段

↓台獨
↓借殼上市
↓一中各表
↓和平協議
↓共同締造論或大屋頂中國

解釋一下這五個階段：台獨，就是正名制憲。借殼上市就是，台灣是一個主權獨立的國家，現在名字叫中華民國，現在的憲法叫做中華民國憲法，現在的憲政體制是中華民國現行憲政體制，這就是借殼上市。什麼叫做借殼上市？借殼上市就是一方面「正視中華民國的存在」，求救於中華民國；另一方面又去中華民國化，掏空中華民國。然後是「一中各表」，說法是「海峽兩岸均堅持一個中國的原則，但雙方所賦予之涵義有所不同」。然後，和平協議，也就是在「一中各表」的思維下，兩岸交戰政府轉爲分治政府，簽訂和平協議，這可說就是一種「輕統一」。然後，再來就是大屋頂中國。大屋頂中國，也是一種「一中同表」。

這五階段有兩個觀點可以展開：

一、從一中各表、和平協議到大屋頂中國，不是咚咚咚三級跳就過去了。而是每一階段都要經長期醞釀，等待條件成熟，也就是都要放輕、放慢、放寬。

二、這五階段的發展，其中「借殼上市」和「一中各表」是一個分叉點，一個筋斗翻過去就是借殼上市，一個筋斗翻過來就是「一中各表」。在這裡可以問北京：是希望看到借殼上市的中華民國，還是「一中各表」的中華民國？

三形態與五階段的關鍵是：民進黨不再正名制憲，也不再借殼上市，北京則收回「中華民國已經滅亡論」。

此時，台灣的兩岸防線，第一道防線是「杯子理論／一中各表」，第二道防線是「互統一／大屋頂中國」。

維持「一中各表」，是走向「和平協議」、「共同締造論」、「大屋頂中國」、「不消滅中華民國的統一」，或「互統一」的條件與基礎。

所以，「一中各表」是過去、現在、未來兩岸之間最重要的議題。

但是，目前出現了揚棄「一中各表」的聲音，認爲「中華民國」既保不住了，即應直接朝向「一中同表」。

然而，放棄「一中各表」，更將助長「中華民國失敗論」及「中華民國無望論」；不僅使台灣更失凝聚「中國意識」與「中國連結」的架構，尤其可能增強台獨意識的合理化。

主張放棄「一中各表」者須有警覺：台灣是水，中華民國是杯；杯在水在，杯破水覆。

放棄一中各表，也許是一種孤臣孽子的悲憤，也許是「寧給大陸，不給台獨」的悲情，但這卻是破罐子破摔的情緒性反應。

如果連「一中各表」在台灣都站不住，就絕無可能將台灣一步推向「一中同表」。所以，不能將策略建立在情緒上。

北京亦當警覺：沒有一中各表，兩岸的路只會更不好走，甚至走不下去。這也是：杯在水在，杯破水覆。

一中各表是兩岸之間最重要的平衡架構，因爲它兼顧了「連結點」與「主體性」。失此，難以和平發展，亦難和平統一。

第7章

文明典範・兩岸救贖

7、文明典範・兩岸救贖

兩岸今天的困境和僵局，可以說是兩岸的共業。兩岸共業，須要兩岸共同尋求救贖。

共業是佛家語，救贖是基督教語言。我覺得，未來兩岸的解決方案必須追求兩個最高的價值目標。

第一：爲人類文明建立典範。

第二：爲兩岸同胞創造救贖。

先談第一點，爲人類文明建立典範。二十世紀以來，世界上有四個「分裂國家」，中、韓、德、越。其中兩個已經統一，兩個仍分裂，在世界文明層次上各有其不同的表現。

越南以流血統一，且現在仍在摸索改革開放的道路。因此不能說它建立了什麼世界文明的典範，也絕對不是台海兩岸的正面示範。再說德國，西德是民主社會，經濟強，東德是共產主義社會，經濟弱，因此兩德統一可謂是順理成章。其中，東德政府未以驅使人民相互殘殺作困獸之鬥，可以說是在世界文明上留下值得敬佩的一頁。但兩岸不同，大陸是社會主義社會，經濟力上升，台灣是民主社會，而經濟能量相對較弱，因此兩岸在價值與實力上出現矛盾，不可能走德國模式。但是，東西德在統一前井水不犯河水，兩岸則在許多方面早已是河水井水流成一體；這一點，兩岸在文明上的表現，已較德國當年更具高度。至於韓國，北韓根本只是為金氏一家的身家性命在做最後掙扎，可以說殘民以逞，不堪聞問。韓國不可開交的局面，當然也絕不是兩岸的示範。因為，大陸不是北朝鮮，台灣的處境也不是南韓。兩岸應當有足夠的能力，也應當有足夠的智慧，要超越德韓越三國，在兩岸的終極整合方案上，為人類文明及世界歷史創造典範。

接著，再談為兩岸同胞創造救贖。兩岸的分裂是兩岸的共業，六十多年來，兩岸皆曾經歷極大的痛苦，如台灣的二二八，大陸的文革；但兩岸也分別獲致舉世矚目的成就，如台灣的民主化，及大陸的改革開放。因此，兩岸應當已有能力以創造人類文明典範的高度來化解這個共業，而絕不可再用增加人民痛苦的手段來繼續製造罪孽。也就是說，兩岸的解決方案，應當要能夠為兩岸同胞創造一個人類文明空前的大救贖。

什麼是大救贖？茲舉三例：

第一個例子是蔣經國總統的解嚴和開放探親。前面說過，如果不是蔣經國這麼做，今天的台灣內部政治和兩岸關係都無法想像。蔣經國這麼做了，就是給台灣和兩岸創造了大救贖，也有了人類文明典範的高度。

第二個例子，是鄧小平一代所領導的否定文革和改革開放。這個救贖，不要說它徹底使中國脫胎換骨、起死回生，更在每一個中國人的人格和心靈上發生了極大的救贖作用。尤其是每一位共產黨員，如果不是這場救贖，一身背負的罪惡感、恥辱感如何能得解脫？

第三個例子，也是鄧小平，他在香港用「一國兩制」取代了「一國一制」，這可以說是人類歷史上答得最好的考卷之一，也是具有人類文明高度的大救贖。

因此，兩岸的解決方案，究竟是使中國添加罪孽或得到救贖，這也是一個選擇。以兩岸現況，當權者或當政者，其實有能力使之成爲一場災難或一場罪孽，也有能力使它成爲一場人類文明史上空前的大救贖。我覺得這一切只是一念之間的事，正如當年在蔣經國和鄧小平的腦裡，也是一念之間。也就是說，兩岸共業不是沒有救贖之道，而是我們還在等待今天的蔣經國和鄧小平。

鄧小平能以「一國兩制」處理香港問題，後人也可能以「共同締造論」、「大屋頂中國」或「不消滅中華民國的統一」來處理兩岸問題。這當然更是具有人類文明高度的大救贖。

偉大復興．偉大和解

在此，我願爲兩岸未來提出一個憧憬。希望兩岸未來能朝「兩個偉大」的方向發展，第一個偉大是「中華民族的偉大復興」，第二個偉大是「兩岸同胞的偉大和解」。

以「中華民族的偉大復興」來支撐「兩岸同胞的偉大和解」，再以「兩岸同胞的偉大和解」來豐富「中華民族的偉大復興」。

進一步說，要如何檢驗這「兩個偉大」呢？有兩個檢驗標準，那就是前面所說的：一、爲人類文明建立典範。二、爲兩岸同胞創造救贖。能滿足這兩個標準，就是偉大。

也就是說，要以「典範救贖論」來支持「兩個偉大說」。

第8章

中國特色・普世價值

8、中國特色・普世價值

如何將「典範救贖論」與「兩個偉大說」治於一爐？

這裡有一條路徑，就是：從「有中國特色的社會主義」，走向「有普世價值的中國方案」。

中國崛起是舉世共見的事實，也是昔日共產集團中轉型最成功的範例，其成就可歸功於「有中國特色的社會主義」。

但是，「有中國特色的社會主義」，字面意義就標誌著其特殊性與局限性，它也許是中國本身在此一階段的成功治理方案，卻未必能成爲人類文明、普世價值的追求與示範。

然而，中國若要成爲一個眞正的大國與強國，就必須能夠建立及垂範、領導一套普世價值，不能永遠停留在「有中國特色的社會主義」。

這一套想像中由中國創發的普世價值未必雷同抄襲自如今西方引領的那一整套世界主流價值，但它仍必須有普世認同的價值內涵，亦即它可以是一套「有普世價值的中國方案」，具有「中國」的底蘊，但超越了「有中國特色的社會主義」，也可能超越西方現今引領的普世價值體系。

過去，在談到普世價值時，中國的主流論述常說：「我們不談普世價值，我們只談中國的治理。」

這種說法也許是自信，也許是自嘲，但皆是畫地自限。一個眞正的大國與強國，無論對內治理，或面對世界，不能不揭櫫一套普世價值。

不談普世價值，其實是有幾分想掩飾拿不出一套普世價值的自慚形穢。

這種「不談普世價值/只談中國治理」的論調，如今似乎出現調整的跡象。習近平總書記在中共九十五周年黨慶上說：「（中國）有信心爲人類對更好的社會制度的探索，提供中國方案。」

在這段話裡，「爲人類」、「對更好的社會制度的探索」等語，皆可視爲有信心創造一套「普世價值」，也可說就是一套「有普世價值的中國方案」。在此，習近平的思維與氣魄，已經不再是「不談普世價值」了。

習近平在同一篇談話也指出：「歷史沒有終結，也不可能被終結。」這句話顯然是針對法蘭西斯．福山的「歷史終結論」而發。福山曾認爲民主政治及自由經濟是人類文明的極致成就，歷史與文明的發展至此終結；不過，福山已多次修正甚至否定了自己的論述。現在習近平既然也說，歷史並未終結，則世人可否對「人類更好的社會制度的中國方案」寄以期待？

牴觸．平行．交集．超越

習近平的企圖之能否實現，未必具有必然性，但是不無可能性。從過去六十餘年的歷史演化及未來的可能發展來看，「中國特色」和「普世價值」的互動，可以分作四個階段：

一、牴觸：中國建政的前三十年大抵如此，如三面紅旗與文化大革命，及黨內與全民的「以階級鬥爭爲綱」，不但與普世價值牴觸（或許，當時自認爲這才是一套普世價值吧？），「批孔揚秦」等倒行逆施更顛覆了中華文化。

二、平行：二〇〇一年的九一一事件、二〇〇三年的美國侵略伊拉克，和二

○○八年的金融海嘯（現在，可以再加上二○一六年川普當選美國總統），皆引發世人對民主政治及自由經濟的再思考。這種思考，並非根本的否定，卻是強烈的質疑。

在這段期間中，世人看到了中國的表現，皆認爲中國治理可視爲與西方主流建制分庭抗禮的另樹一幟。沒有人對改革開放近四十年來的中國治理再嗤之以鼻，而中國也從「制度／理論／道路／文化」的自卑，漸漸轉向「制度／理論／道路／文化」的自信。漸漸地，中國治理在世人眼中，不再是不屑一顧，而儼然成了一個與西方建制平行的對照組。也因此，才有「華盛頓共識」與「北京共識」的對應，也才有了「中國模式」與「中國方案」的提法。

三、交集：中國治理的強項是集體發展，弱項則在個體人權的伸張。但若就人類數千年文明的指向而言，由人權的伸張而形成的民主法治，仍然是無論「普世價值」或「中國方案」皆不能放棄而必須追求的重要價值內涵。民主的價值具有普世性及永恆性，只是其運作的法制可以創新與改善。即使在今日的中國，處處皆見「社會主義核心價值」的標語，也寫著「自由／平等／民主／法治」；而中共口中二〇四九年的「第二個一百年」，也在標榜追求「富強、民主、文明、和諧的社會主義現代化國家」。可見，無論現實上做不做得到，或在某一階段只能做到什麼程度，但仍必須將「自由／平等／民主／法治」等懸爲鵠的。而我們從「自由／平等／民主／法治」這類標語口號在中國的長久存在、未曾消失，可知中共也知道自己的缺陷與應當的追求。也就是說，未來的「中國方案」與現在的「普世價值」，在「自由／平等／民主／法治」等領域，仍有必須交集及可以交集之處。

四、超越：這個境界尚未發生，也可能不會發生，但也可能發生。如果歷史文明尚未終結，中國有無可能引領書寫其續篇？這就要看，中國能否由「有中國特色的社會主義」，更上層樓，拿出一套放諸四海而皆準的「有普世價值的中國方案」。

梵谷中國的兩隻耳朵

這可從「可能性」及「必要性」兩方面來說：

中國應有可能拿出「有普世價值的中國方案」，舉目世界，中國其實是最有可能另建一套「新普世價值」的國家。因為：一、中國是受帝國列強蹂躪慘痛的民族與國家，知道和平的珍貴。二、中國是受專制獨裁荼毒深重的民族與國家，知道政治清明的重要。三、中國傳統上「誠／正／修／齊／治／平」的人生觀、家庭觀、社會觀與世界觀，皆是正向思考，亦是大同世界的藍圖與願景。四、今日海峽兩岸，一是共產體制轉型的範例，一是民主化的示範，反映了中國人的優秀潛能與創造力；中國人有能力自我糾錯，也有能力汲取世界的文明精華。去蕪存菁，創新改善，中國應當有能力建立一套超越自己、垂範四海的「有普世價值的中國方案」。

尤其，中國也必須拿出「有普世價值的中國方案」，無論面對世界、面對中國內部治理及面對兩岸關係，中國的發展在內外皆會產生並累積一些不能鎮壓而必須釋放的能量，那就必須以進化、升級及轉型的方式來處理，為了避免不進則**退，失去可大可久的支撐**，中國必須從「有中國特色的社會主義」，轉向「有普世價值的中國方案」。

即使在兩岸關係上，也可如此思考。其實，台灣與香港的青年世代，不是不知中國的日漸強大崛起，但台港兩地年輕世代對中國的分離意識卻有增無減；最重要的原因，就是他們不認同、不欣賞「有中國特色的治理方式」，而在心中捍衛「自由／平等／民主／法治」等人權價值，不願割捨。因此，在「中國特色」與「普世價值」的衝突中，北京等不到台港兩地青年世代的「心靈契合」。若要化解台港的人心疏離，這不是威嚇利誘所能做到，中國也必須拿出一套「有普世價值的中國方案」。

也借「梵谷畫像的陷阱」來說。北京可能覺得，「中國特色」的漂亮右耳值得自豪，對台灣人應當有吸引力；事實卻是，台灣人看到了另一隻「普世價值」的受傷左耳，也就不能勉強台灣人心中的評價了。

有人說，兩岸融合四元素：實力、利益、感情、價值。實力與利益，傾向唯物論；感情與價值傾向唯心論。兩岸融合，必定是心物合一。要看右耳，也要看左耳。否則，習近平爲何說「心靈契合」？

孫中山・鄧小平・中華文化・台灣經驗

中國若要從「有中國特色的社會主義」，轉向「有普世價值的中國方案」，有幾個基本元素可資發揮：

一、重視孫中山的地位，將孫中山納入立國論述。

習近平藉孫中山一五〇周年誕辰宣示，「中共是孫中山的支持者、合作者、繼承者」，這不能僅看成對台灣的統戰，而可視爲對中華人民共和國立國論述的加高與放大。

將孫中山納入立國論述，可將一八四〇年鴉片戰爭以來，至一九一二年中華民國建立，及一九四九年中華人民共和國建立，三者一線，連結成一整體，這非但加高放大了中共的立國論述，也可能爲兩岸的「互統一」建立理論基礎。

也就是說，當立國論述由「馬／恩／列／斯／毛」的架構，轉移至「孫／毛／鄧」的體系，立國論述即涵蓋了整個現代中國的源起，並可逐漸擺脫馬列毛一系的已與現實脫節並阻滯發展的包袱。

立國論述的加高放大，對於中國的長期對內治理應有重大助益，因爲即可走出馬列毛意識形態的誤區，嚮往更加寬闊的前景。畢竟，孫中山的「民族／民權／民生」與「天下爲公」，超越了毛澤東的「爲人民服務」，可與普世價值與中華文化緊密銜接。

二、重視中華文化

若要建立「有普世價值的中國方案」，中華文化自然是必要的元素。二〇一四年九月，習近平出席孔子誕辰的國際學術討論會，這是中國最高領導人的首創之舉。他說：「中國共產黨人始終是中國優秀傳統文化的忠實繼承者和弘揚者。從孔夫子到孫中山，我們都注意汲取其中積極的養分。」

人民日報就此發表評論說：「從黨情看，執政需要汲取傳統力量。」這也就是前文所說的，立國論述的加高與放大。

古云：修身，治國，平天下。先談修身，曾子曰：「士不可不弘毅，任重而道遠。仁以爲己任，不亦重乎？死而後已，不亦遠乎？」再談治國，孟子主張民貴君輕，又說：「聞誅一夫紂矣，未聞弒君者也。」再談平天下，見禮運大同篇，又見孟子之「王天下」，再見墨子的「兼愛／非攻」。這些中華文化精髓皆是文化大革命革不掉的民族遺產，也是「有普世價值的中國方案」的獨特元素。

人民日報稱，「從黨情看，執政需要汲取傳統力量」，此在顯示中共亦自知，即使僅是爲了因應內部治理，立國論述亦必須放大加高，何況尚須面對世局、面對世界文明，不向「普世價值」移動，無以增強國家的軟實力。而習近平將「孔夫子與孫中山」並論，亦應是知，中共若向中華文化與孫中山思想接近一步，就是與文革與馬列毛殘餘遠離了一步，也就是向創造「有普世價值的中國方案」接近了一步。

三、重視鄧小平的地位，調整毛澤東的地位。

鄧小平功罪雖有見仁見智的評論，但他是人類歷史上傑出的改革者則無可置疑，其功績甚至超邁彼得大帝之於俄國，及明治天皇之於日本。重視鄧小平的地位，是強調中共自我糾錯的能力；調整毛澤東的地位，則在重建政治是非，重建社會道德準據。也就是說，中共要從「毛澤東的黨」走出來，走進「鄧小平的黨」。

四、重視台灣經驗與香港經驗。

前文說，今日中國是共產集團中轉型最成功的範例，其他共產國家皆已隨蘇東波以俱去。相對而言，中華民國台灣的民主化，及香港的自由化，亦具舉世文明的典範地位。中國大陸的範例，強項在集體發展；港台的範例，強項在發展個人的人權。而台港在自由民主及人權上的成就，正是中國治理所不能幾及之處。

中國若要走向「有普世價值的中國方案」，正如前述，必須追求「自由/平等/民主/法治」；而在追求這些普世價值之前，首應包容並維護台港的人權體制。且此種思維，應當超越「一國兩制」的層次，而是應朝「兩制」皆趨向「有普世價值的中國方案」及「人類更好的社會制度」發展移動。而不是說，中國永遠停格在「有中國特色的社會主義」的「第一制」，台港則留在普世價值的「第二制」。

如果中國永遠停格在「有中國特色的社會主義」之中，台灣與香港的年輕世代如何與中國「心靈契合」，而台灣的情勢尤較香港複雜。

五、宗教正常化。

中國人是敬天祭祖的民族，無神論否定了中國的民族性。宗教正信對世道人心裨益甚深，應當導向正常化。現今「黨員不入教／教徒不入黨」的規範，只是反映了政治體制的缺乏自信，長此以往，將反而增加政治與宗教的矛盾與疏離，也產生了一種違離普世價值的缺陷。

權力遊戲．潘朵拉盒

六、重視維持國家治理的權力遊戲規則。

中國改革開放之所以獲致成功，其中一項主要因素是控制了政治權力鬥爭的底線。

其一，改革開放沒有倒毛、批毛，這可謂是人類歷史上最深刻也最成功的政治權謀。若開始即以倒毛批毛來建立改革開放的正當性，大局即可能失控。當然，起始未批毛，但就長期而言，中共還是要想出一個切割毛澤東的漸進步驟，非此不能脫胎換骨。不調整毛澤東，如何建立「有普世價值的中國方案」？

其二，鄧小平時代建立的兩屆任期制與自然形成的「七上八下」規則，一方面鞏固了權力，另一方面也節制了權力，亦對政壇的新陳代謝產生了制度化的作用。此制雖非憲法，卻有超越憲法的效用。即使民主國家也做不到如此，更是一黨極權政治維持平衡的重大發明。我認爲，倘謂有「中國特色」，此制即是「中國特色」的神髓。中共若看長期發展，此制不宜輕易變動。否則，即使能夠實現眼前階段的利益，久遠恐怕禍福難卜。是否要打開這隻潘朵拉魔盒，實應思前想後，萬般斟酌。萬一操持失準，恐怕連「有中國特色的社會主義」也難以維持。

然而，看當前情勢，北京此一權力工程的規劃已是箭在弦上。倘若勢不可止，則希望這個重大權力工程所形成的新局勢，勿將心力用在僅是鞏固「有中國特色的社會主義」，而更當用在創建「有普世價值的中國方案」上。如此，有大權，始有大能量，更應盡大責任，始能爲個人保全歷史事功及名節，並眞正添益於中華民族的偉大復興。

也可以這麼說，此次權力工程可能也是走向「有普世價值的中國方案」的關鍵機遇；倘若竟是反向鞏固「有中國特色的社會主義」，歷史的進程就可能不會再出現第二次機會了。

以上所論六項基本元素，也許提供了由「有中國特色的社會主義」，轉向「有普世價值的中國方案」的一些可能性。我們可以發現，中共自稱是「有中國特色」，其實它最重要的功課卻是應回到孫中山、中華文化及台港經驗去補課，然後再修補毛澤東時代「社會主義」留下的傷痕，然後再在「自由／平等／民主／法治」上兌現其政治承諾，始有可能實現「有普世價值的中國方案」。如果「中國的」都尚未修補完成，「普世的」也就是空中樓閣了。

中國發展至今日格局，確實具備了創造「有普世價值的中國方案」的潛能；且倘若不能有此晉階及突破，終有一日可能在國際角色上及內部治理上出現瓶頸與逆潮。處此不進則退的關頭，中國領導階層應有如鄧小平一般創造典範與救贖的襟抱，也要有如蔣經國一般「禁止它發生／準備它發生／使它發生」的踐履能力；待中國建立了「有普世價值的中國方案」，中國在國際上始可能成爲形神一致的大國與強國，中國的內部治理可臻更高境界，兩岸關係也必定受益。

不進則退．自救救人

歷史文明當然不會終結，而會繼續發展下去。中國方案則初具胚形，當然亦尚未終結，自是可以及必須繼續發展下去。中國不應也不可停留在「有中國特色的社會主義」，必須朝向「有普世價值的中國方案」進發。不進則退，攸關興亡續絕。

美國前總統尼克森曾說：「中國崛起的危險來自內部。」高層的權力遊戲失序，及基層的社會願景破滅，皆會發生危險。而無論權力遊戲及社會願景，皆需有一個更宏偉遠大的價值體系加以引領及規範。北京當局應知悟「有中國特色的社會主義」的局限、瓶頸與危機、風險；並感知「有普世價值的中國方案」之道德必要及現實需求。

所以，應當在自滿中表現憂懼，在憂懼中表現勇敢，在勇敢中表現理智，在理智中表現道德，在道德中表現理想；將未來中國的發展路徑，架設在由「有中國特色的社會主義」邁向「有普世價值的中國方案」的蛻變軌程上。這是中共與中國自救救人、自度度人的不二法門。

「有中國特色的社會主義」，也許在過渡階段中會有統治上的「專制紅利」；但唯有「有普世價值的中國方案」，才能彌償不斷累積的「民主負債」。

這條路徑當然是漫長且艱辛的，但只要循序漸進，拾階而上，脫胎換骨，其中每一階段應當皆有每一階段的回饋與報償。不必有一蹴可幾的幻想，但應有登峰造極的意志。

其實，由「有中國特色的社會主義」到「有普世價值的中國方案」的道路，也就是兩岸由「典範救贖論」到「兩個偉大說」的道路。兩者交匯，相輔相成。

因此，不論是「中國方案」或「兩岸救贖」，都不能有急功近利的操切心態，而皆必須有瓜熟蒂落、水到渠成的耐心。首先，必須將這兩件歷史工程的「時間感」改變，由急切轉爲寬緩，由壓迫轉爲從容，放輕、放慢、放寬；那麼，以「杯子理論」來支撐過程論，及以「大屋頂中國」來支撐目的論，即成必要。否則，無「杯子理論」，過程可能出軌；無「大屋頂中國」，目的可能游移。皆非所望。

在「有中國特色的社會主義」，朝「有普世價值的中國方案」之轉型過程中，兩岸有了「杯子理論」的過程論，及「大屋頂中國」之目的論，如此過程論與目的論即能獲得連結與平衡，馬英九時代過程與目的的脫鉤或不確定的顧慮即可望改善。而兩岸和平協議即可能是建立此一連結的機制，因爲，和平協議本身的兩端本應建立在杯子理論與大屋頂中國之上，以完成一中各表至大屋頂中國的過渡與連結。

所以，再回到兩岸關係來說，要由「典範救贖論」來實現「兩個偉大說」，其基礎仍在筷子理論、杯子理論，與大屋頂中國。因爲，這些皆具「普世價值」，也是「中國方案」。

第9章

台獨不可能・武統不可能

9、台獨不可能．武統不可能

現在，我要進入今天談話的結尾部分，我要提出兩岸關係的「兩個不可能」：一、台獨不可能。二、武統不可能。

一、台獨不可能。台獨為何不可能？簡單地說：

1.中國大陸不可能放棄統一的目標，因為他們也有他們的「島嶼天光」。

2.台灣不搞法理台獨，是台灣最鞏固的生存戰略。我認為，台灣的任何執政者都不可能魯莽滅裂到搞台獨；任何執政者若竟放棄此一防線，必陷台灣於不測災禍。

至於借殼上市的台獨路線，既不敢法理台獨，卻又操弄文化台獨或心靈台獨，徒有「內殺型」，而無「外擊型」，此乃作繭自縛，必是自貽伊戚。

3.中國崛起的走勢已經相當確定，兩岸消長的情勢也很明顯，中國崩潰論即使會出現，但也不會在有些台灣人希望看的時間以前出現。時間站在大陸那一邊。

4.如果中國出現重大政經危機，那也恐怕不是台獨的機會，反而是台灣的高風險時期。

5.如果中國走向民主化（難度很高），大陸的民粹主義也絕不可能支持台灣獨立。所以，大陸的一黨專政，反而可能使兩岸關係比較可以預測。

6.最重要的是經濟，中國已是世界工廠、世界市場及世界金主，台灣不應把雞蛋放在一個籃子裡面，但無論如何那還是最大的一隻籃子；在中國周邊的二十三個國家，其中有十七個以中國爲最大貿易夥伴，台灣不可能獨樹一幟。

7.兩岸的連結點分布密切，包括歷史的、血緣的、地緣的，及文化的、政治的、經濟的連結點，皆無可能完全切斷。

總之，台獨做爲一種意識形態，是可理解與尊重的，但不可能成爲中華民國執政者的國家生存戰略。

二、武統不可能。也就是武力統一不可能。

台灣若搞法理台獨，正名制憲，武統就可能發生，或必然會發生。任何北京執政者皆不可能坐視台灣搞法理台獨，屆時動武應是必然，別無選擇。

但是，台灣若能嚴守不搞法理台獨的底線，北京就不太可能訴諸戰爭（或許，

也可說我認爲武統極度不應當發生）。因爲，要用武力終結一個中國五千年來首次實現的民主政體，這是茲事體大，我認爲，中共不敢也不能冒大不韙。

台灣有兩大寶貝、兩大成就。一、三民主義。有一說，三民主義就是社會主義。但三民主義的民族、民權、民生，高於並大於社會主義。二、中華民國憲法。這部憲法是一部主權在民、天下爲公的民主憲法，而不是一黨專政憲法。民主憲法即使此時未必適合全體中國，但不能說民主憲法是不值得追求及珍惜維護的憲法。台灣有這兩大寶貝、兩大成就，就是中國有這兩大寶貝、兩大成就。所以，在大屋頂中國下，中國不能以武力消滅中華民國。

只要台灣站穩中華民國的立場，北京執政者應不致魯莽滅裂至無理動武的地步。此刻耳際雖然出現武統的喧囂，只是在防範蔡英文政府跨入法理台獨的禁區。

今日的世界文明與人權水準，即使對一個釘子戶、一隻流浪狗，甚至要移植一棵樹，都必須認眞對待。中國倘若是要用武力去消滅一個兩千三百萬中國人建立的民主政體，根本不能見容於國際社會及人類文明。正因如此，中華民國必須堅持做爲「中國的中華民國」。中國大陸當局倘以武力滅亡併呑民主政體的中華民國，必將在世界文明及中國文明上，寫下醜惡與恥辱的一頁。若引起國際公憤，亦極可能玩火自焚。

試想，國際若對中國崛起深具疑懼，而想找到一個能夠破這個局的入口，還有什麼比藉用北京向台灣動武更好的理由及時機？

但是，不用武力，並不是北京就沒有處理借殼上市、文化台獨的其他手段。北京的思考是，只要卡住你，讓你不敢法理台獨，時間就站在他的那一邊。因爲，台灣若採借殼上市的台獨路線，終會沉陷於「內殺強/外擊弱」的漩渦之中，不能自拔；所以，北京絕對有能力使用各種工具把台灣拖到筋疲力盡、油盡燈枯爲止。故而，即使不武統，借殼上市的台獨亦絕非可大可久，則何用武統。

武統不是選項。武統不可能，武統也不應該。台灣不要給大陸武統的藉口，大陸不可無理發動武統。

有人說：中國若不能「和平統一」，中國就無可能「和平崛起」。

北京到了能夠和平說服台灣的那一天，北京應當也能夠和平說服全世界。台灣問題的解決，須以中國內部治理問題的解決爲條件。

台灣可以等大陸，大陸不要逼台灣。

所以，北京的政策，仍然應當是和平統一。要和平統一，就先要有和平的發展，就是「杯子理論／一中各表」；也要有和平的目標，就是「大屋頂中國」，或共同締造論。

是否舉行「消滅中華民國」的慶典

我曾在北京的一場閉門座談會上，突如其來地問對岸的智囊們：如果有一天兩岸統一了，應不應該有個簽約儀式？或應不應該有一個慶祝統一的儀式？

我問當時在場的兩岸智囊，中華民國到二〇二〇年將七次直選總統，或許會出現第四次政黨輪替，也或許民進黨政府屆時仍將繼續執政；那麼，我們要經過怎麼樣的程序，才能使台灣人民不再選中華民國總統，而改選台灣特首？這個改變的過程，要不要舉行一個向世界公開的儀式？

一九九七年七月一日，香港回歸中國，七月一日，有一個十分盛大隆重的儀式。當天，香港總督彭定康在總督官邸舉行了英國國旗和香港總督旗的降旗典禮，然後坐禮車，繞行總督府三圈，再前往大典會場，會中降英國國旗米字旗、升中國國旗五星旗，雙方儀仗隊伍都是威武莊嚴，那是一場舉世矚目的回歸大典。

那麼，兩岸如果統一，統一那天要不要有個儀式？降青天白日旗、奏三民主義吾黨所宗國歌，升五星旗、奏義勇軍進行曲國歌；然後雙方換文，首任中國派任台灣特首恭送中華民國遜位總統步出重慶南路一段一二二號的那棟大樓，那棟大樓可以再次更名為「台灣特首辦公室」。我問，要不要有一個儀式？若沒有一個這類的儀式，如何象徵統一？更如何象徵和平統一？

到了統一那一天，中華民國仍應存在

請各位想想看：如果兩岸會有「統一」的那一天，則一直到統一的前一日，照理說，中華民國應當仍然存在。如果已不存在，或許已成了「台灣國」，那就是另一個故事了。

也就是說，如果要統一，在理論上就至少必須維持中華民國到統一的前一日。而且，那時的中華民國，不是借殼上市，也不是文化台獨或心靈台獨，才有可能統一，否則如何能和平統一？

但是，衆所共見，若要和平統一，絕非短期可成。於是，這一段漫長的「國家尚未統一特殊情況下的兩岸政治關係」（中共十八大政治報告用語），就必須由中華民國來維繫，而且還要維持中華民國不被借殼上市，或變質爲文化台獨或心靈台獨；因此，兩岸除了必須作出「合情合理的安排」，以全力維護中華民國爲中華民國憲法所規範的眞正中華民國之外，實別無其他途徑來長期維繫「國家尚未統一特殊情況下的兩岸政治關係」。否則，這個「中華民國」就不可能經歷長期演化而仍能維持爲可以等待和平統一的「中華民國」。

好了，如果必須長期維持中華民國爲中華民國憲法所規範的中華民國，以保全統一的條件；那麼，豈能到了統一之日，反而翻臉反目就棄中華民國如敝屣？

也就是說，愈要依靠中華民國來保全統一的條件，也就愈不可能在統一之時甩掉中華民國。

這是一個悖論，卻也是一個合情合理的常識。

若要在台灣長期保全與醞釀「中國的元素」及「中國的可能性」，就必須首先保全「中華民國」；如果北京竟與台獨聯手來「消滅中華民國」，如何能保全及醞釀台灣的「中國元素」及「中國的可能性」？

正是：台灣可以等大陸，大陸不要逼台灣。而若要台灣「等」，就要留住中華民國，並使台灣人對中華民國感到自尊。

這就是爲何必須主張「杯子理論」的原因，這也就是爲何必須主張「一中各表」的理由。

因爲，沒有「杯子理論」，台灣可能「留」不住；沒有「一中各表」，中華民國也很難「等」下去。

但北京現今的政策不啻是，一方面自己要消滅中華民國，一方面又要台灣保全中華民國，再一方面又不容台獨推翻中華民國。這種一手挖洞、一手填坑的政策，難怪矛盾百出。

我們不能想像，兩岸若將經由中華民國來統一，卻竟以統一來終結中華民國。

倘係如此，豈有可能和平統一？

正如本書開始就說的，又要消滅中華民國，又要維持中華民國，正是北京兩岸政策的最大矛盾。這也完全違反了「杯子理論」。

在北京，當我說這些話的時候，發現現場人士是一片愕然。他們好像沒想過這樣的題目。

然後，我說，不是要和平統一嗎？和平統一總不會沒有一個儀式吧？我們不妨從想像中的那個統一儀式倒推回去，再想一想中華民國的角色，再想一想杯子理論，也想一想大屋頂中國。

難道說，一場「和平統一的大典」，其實就是一場「終結消滅中華民國的大典」？

中華民國沒有滅亡

再從國際的角度來說。

北京政府今日在國際搭起的「一個中國」架構，形同是「中華民國已經滅亡論」的延伸。

國際間承認或默認這個架構，主因是不想攪動這個安撫性的及鄉愿性的平衡點。

但國際上只是在政治面不承認中華民國，卻不是在實際上也否定中華民國，或會坐視中華民國在無理由下被中華人民共和國併吞。

蔡英文總統與川普通電話。川普團隊解釋，「蔡是民選總統，自然應稱她台灣總統」；並指出：「不稱她是總統，是否定一個事實。」

可見，中華民國已經滅亡論，在國際上不成立。

試作一比喻。一男人與一女人為夫妻關係（邦交國）。後來離婚，不再為夫妻，但仍維持朋友關係（非邦交國）。世界多數國家雖為中華民國的非邦交國，但不能說無邦交的中華民國已經滅亡，或說在事實上不是「國」。正如，北京即使能拆散人家夫妻，但不能教人不作朋友，甚至教人互視為「已經滅亡」。

「一中架構」是安撫北京權力思維的鄉愿方案，但不可能使國際接受「中華民國已經滅亡論」。

北京切斷中華民國的外交關係，也就是以外國人來壓迫中國人。不過，雖無邦交，但舉世誰人不知中華民國是兩千三百萬人生猛運作的民主政體？

如所共見，兩岸分治的事實愈長久，國際間愈會感知中華民國這個民主政體的存在意義與價值。無邦交，並非指中華民國不存在。

對國際言，中華民國這個民主政體非但未滅亡，而且在人類文明上愈來愈增加意義與價值。何況，對國際言，它畢竟仍可在各方面與中國大陸發生對照與制衡的作用。

就拿美國來說，也許它不會支持台獨，也許它不能在外交上承認中華民國，但它仍會在事實上尊重一個叫做「中華民國」的民主政體存在於台灣，也不至於放棄台灣，也不會同意大陸以武力併吞台灣，也不會協助大陸滅亡中華民國。

所以，美國對兩岸關係的底線是「和平解決」。

兩岸若是「和平統一」，是兩岸自己的事。

但若是武力統一，則是國際道義的事，也是人類文明的事。

武統，台灣會很痛若，大陸也會很危險。這些危險或許會包括：一、可能受到國際聯手抵抗的危險，那種抵抗，可能不僅止於美國和日本的聯手而已。二、可能增加中共在人類文明及中國歷史上的負債，那種負債可能與文革不相上下，甚或可能超越文革。三、武統也許拿到了土地，卻拿不到「心靈契合」。

武力或許可以嚇阻法理台獨，但不能用來統一。

此一情勢對兩岸皆有啓示：

對台灣言，不能走向台獨。因爲，走向台獨，將使國際支援台灣的正當合理性減弱。不搞台獨，就是中華民國最強固的國防戰略。因爲，即使川普或其他美國政府，也不可能挺得住台灣共和國。

對中國大陸言，應知不論在兩岸間或國際上，「中華民國已經滅亡論」皆無可能實際成立。兩岸關係必須透過中華民國來處理，且終局解決方案也應當保全中華民國。

也就是說，對於北京及台獨而言，皆應知：中華民國沒有滅亡。

且是，杯在水在，杯破水覆。

所以，台獨不可能，台灣必須建立一個「非台獨」的國家生存戰略，也就是要以中華民國爲基本戰略架構；武統也不可能，北京若要和平統一，就要想出一個「不消滅中華民國的統一」的方案。

只要不是武統，只要是和平統一，或是習近平所說的「心靈契合的統一」，就不可能是弱肉強食、生吞活剝的統一。就有可能是「不消滅中華民國的統一」，或就應當是「不消滅中華民國的統一」。

在杯子理論之下，台獨是「消滅中華民國的台獨」（或借殼上市），所以不會有「和平的台獨」。同理，統一若是「消滅中華民國的統一」，也不會有「和平的統一」。

如何「和平統一」？就是「不消滅中華民國的統一」。

第10章

合理的過程・改善之目的

10、合理的過程・改善之目的

總結我的看法，中心概念仍在以「杯子理論」和「現在進行式的一個中國」，來重新確立「一個中國」的定義，並朝著「共同締造論」的方向移動及發展，兩岸或許先簽定和平協議，最後也可能進入「大屋頂中國」。

這就是：從合理的過程，到改善的目的。

過程論的主體是杯子理論，目的論的主體是大屋頂中國。

過程論比目的論重要，沒有合理的過程，達不到改善的目的。

從「杯子理論」到「大屋頂中國」，一路走到底，都是「筷子理論」。也就是，一路到底，有連結點，也有主體性。

兩岸三張「沒有完成的答卷」

從合理的過程到改善之目的，兩岸應當共同付出善意與努力。

北京說，蔡英文政府有一張「沒有完成的答卷」。誠然，面對兩岸困局，台灣

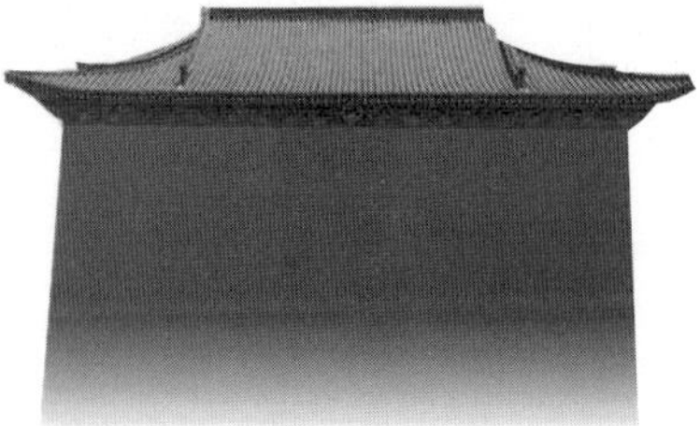

從合理的過程到改善的目的

過程論的主體是杯子理論，
目的論的主體是大屋頂中國。
過程論比目的論重要，
沒有合理的過程，
達不到改善的目的。

有必須承當的責任，確實有一張「沒有完成的答卷」。

然而，面對兩岸困局，大陸有更大的責任，因爲大陸比較強大，所以更應知道，自己也有一張「沒有完成的答卷」。

雙方都不能只出卷子給對方答，而不答自己的卷子。

前文指出，北京過去標舉「探討國家尚未統一特殊情況的兩岸政治關係，作出合情合理的安排」，卻未能否棄「中華民國已經滅亡論」，又未大開大闔地「作出合情合理的安排」，這也是一張「沒有完成的答卷」。

再者，中共自改革開放「摸著石頭過河」以來，已在世人眼前漸漸崛起。但這條「有中國特色的社會主義」道路，在通向「中國夢」與「中華民族的偉大復興」的過程中，中國如何處理高層權力運作體制、基層人權及公民權的憧憬，與中國如何承當國際角色，更是第三張「沒有完成的答卷」。

未來，北京不能再「摸著石頭過河」，而是必須有一個「從有中國特色的社會主義，到有普世價值的中國方案」的轉型與躍升。這才是「中華民族的偉大復興」的道路與內涵。

否則，中國面對世界、面對高層權力競逐、面對自己的人民，及面對兩岸，恐怕都會出現瓶頸與逆潮。

要避免有中國特色的社會主義的反噬，必須向有普世價值的中國方案找出路。臨深履薄，不進則退。

兩岸的三張未完成的答卷：

第一張答卷：台灣如何面對大陸。

第二張答卷：大陸如何面對台灣。

第三張答卷：大陸如何面對中國夢及中華民族的偉大復興。

兩岸三張未完成的答卷

一、台灣如何面對大陸。

二、大陸如何面對台灣。

三、大陸如何面對中國夢及中華民族的偉大復興。

再引前述，為人類文明創典範，為兩岸同胞造救贖。以「中華民族的偉大復興」來支撐「兩岸同胞的偉大和解」，再以「兩岸同胞的偉大和解」來豐富「中華民族的偉大復興」。

這三張「沒有完成的答卷」，台灣要答自己的卷子，大陸也要答自己的卷子。最重要的是第三張，如果交卷通過，才是功德圓滿，可大可久。

誰都不能把中華民國一筆勾銷

最後，我們好像還有一個問題沒有處理。大家會不會問：為什麼要如此維護中華民國？

因為，兩岸問題，不是力量對力量的問題，而是文明對文明的問題。

什麼叫做「是文明對文明的問題，而不是力量對力量的問題」呢？

也就是，中華民國要說，我也是中國，我不是台獨，你不能武統。

而且，中華民國更要說，我是民主的，我是民主中國，我要站在世界文明的成就上與中國文明的追求上和你對話。我們來橹橹看。

因爲，中華民國是中國五千年來實現的唯一民主政體，這是一個中國文明和世界文明的重大成就，爲了台灣，爲了兩岸，爲了中國，爲了世界文明，都必須維護中華民國，誰都不能把它一筆勾銷。

我們不會有台灣國

台灣人啊，尤其是太陽花世代及後繼的台灣人啊，我們不會有台灣國，我們只有中華民國。

即使有了唐景崧式的台灣國，台灣國也要繼續與中華人民共和國浴血爭執連結點與主體性的問題。

所以，我們可以繼續抱怨中華民國過去的種種，但我們不能親手扼殺中華民國未來的種種。

民進黨喜談「轉型正義」。其實，台灣最重大且最必要「轉型」的「正義」，就是台獨不能再作爲國家生存戰略，必須轉型，必須淡出。

我們都是在中華民國這隻杯子裡喝水，所以不能朝這隻杯子裡吐痰。

兩岸問題 不是力量對力量的問題 而是文明對文明的問題

必須相信：中華民國，愈「中華」，「民國」愈有力量；反過來說，愈「民國」，也愈能在「中華」占一席之地。

站穩「民主中國」的立場，是中華民國在中國的光榮，也是中華民國在中國的力量。

中華民國是台灣希望的唯一載體，負荷不起自己台灣人對中華民國的詛咒。不然的話，中華民國因台灣內耗內殺而自我毀滅的可能性，尚大於被北京消滅的可能性。

中華民國加台灣，不能台灣內殺中華民國。

好像發現了一條路徑

兩岸關係與中國前景有密切關係。倘若兩岸的解決方案不能做到「爲人類文明建立典範/爲兩岸同胞創造救贖」，則非但不能實現「兩岸人民的偉大和解」，更可能毀滅了「中華民族的偉大復興」。

現在，我們好像發現了一條路徑，那就是：從「有中國特色的社會主義」，到「有普世價值的中國方案」。

以上，是我在兩岸關係看到的梵谷的畫像，有盲點，有偏見，也不夠全面，但我誠心希望各位能把這些淺見作爲一種對照或參考，希望各位都能看到更全面更眞實的兩岸關係全圖。

敬請指教。謝謝。

三年多前的一篇黑白集

這是我在二〇一三年十二月二十一日發表的聯合報黑白集。當時北京西山無名英雄廣場剛剛落成。我們可以不辯論這些「受難者」各自的政治是非，但絕不能將他們雞兔同籠地混為一談。這不啻使他們相互玷汙，汙辱了他們分別持守的清白與正義。

黑白集

白色恐怖的綠色操作

在總統府正對面的小小介壽公園中，陳水扁政府設立了一座「白色恐怖受難者紀念碑」，追思在「白色恐怖年代」受逮捕、羈押或槍決者。現在，此碑在中國大陸有了姊妹碑。

最近，中共在北京西山落成「無名英雄紀念廣場」，追思在一九四九年前後派往台灣工作的一千五百名幹部，其中有一千一百人被「國民黨政府公審槍決」，紀念碑上並刻有「忠魂／光影／家國／信義／追夢」五段銘文。

民進黨設的「白色恐怖受難者紀念碑」，與中共所設「無名英雄紀念廣場」，其實所追思的是同一段歷史及大約同一類人物。兩碑自可結爲姊妹碑。

歷史巨輪輾過，一切的是非恩怨皆有可能化爲齏粉。無論是「白色恐怖受難者」或「一九四九年前後派往台灣工作的中共幹部」，站在今日的歷史標尺之下，渡盡劫波，欲語無言，一切都不知該怎麼說了。

白色恐怖，以「匪諜案」爲主（也有不少冤錯假案，如雷震案），此可證諸中共如今也說曾有「一千五百名派台幹部」，這當然尚不包括在台發展及吸收者。就在前幾日，陳水扁任市長時所設「馬場町白色恐怖紀念公園」舉行俎祭，即見高高掛出毛澤東所書「人民英雄永垂不朽」的遺墨巨幡，迎風招展。可見，白色恐怖是以紅案爲主。

不是說白色恐怖不能翻案，但陳水扁設立「馬場町紀念公園」及「白色恐怖受難者紀念碑」，目的只是在羞辱國民黨而已，豈有什麼是非對錯的觀念？現在北京西山的「派台幹部紀念碑」，與民進黨所置「白色恐怖受難者紀念碑」隔海輝映，能不令人啼笑皆非？

連馬英九也三不五時去追思「白色恐怖受難者」，我們是否搞清楚了「白色恐怖」究竟何事？

【二〇一三・十二・二十一／聯合報／A二版／焦點】

尾聲

台獨反噬・進退維谷

二〇一七年二月二十八日，究竟是二二八事件幾周年？

北京高調紀念二二八事件七十周年，以「紅色二二八」搶占了話語權。

但蔡英文政府則聲稱是紀念二二八事件六十九周年，用意似在緩和態勢。

二月二十五日，文化部宣布了中正紀念堂禁售蔣氏公仔等舉措，顯在回應獨派的壓力；但文化部又在二十七日宣布中正紀念堂在二二八當日閉館一天，則似在避免衝突。

可見，蔡政府不得不有動作向獨派交代，但又不敢聽任獨派的予取予求。

行政院及總統府皆否認事前對文化部禁售公仔等事知情，意圖作出切割；而文化部則僅對中正紀念堂作出禁令，卻未同時對國父紀念館、慈湖、頭寮及士林官邸等處同等規範。可見，蔡政府的行為是出自各種壓力的夾縫之中。

此一情勢，不論是蔡政府又向台獨邁進了一步，或是蔡政府在面對台獨反噬時的一個捉襟見肘的敷衍舉動，皆是進退維谷。

左文為本書作者所撰二〇一七年三月三日《聯合報》社論。

社論 蔡英文應命那些人止所當止

文化部宣布，中正紀念堂停售蔣氏公仔，停播《蔣公紀念歌》，並將展場「介石廳」等更名。

蔡英文總統應當警覺，文化部是政府官署，此類舉措已被視為蔡政府所主持「去蔣化」、「去中華民國化」，及「去中國化」的政策行爲，必須止所當止。

台獨的操作在民進黨有三個層次。外層，如附隨組織台聯及時代力量日前擬邀請熱比婭來訪，結果被可能是來自蔡政府的因素「從中作梗」而暗槓掉了。中層，如民進黨綠委擬修法「廢除國父」，也被黨中央的圓仔湯搓掉了。最內層，則是中央政府，不料設法阻擋熱比婭來訪及立法去國父的蔡政府，如今竟然會對中正紀念堂下手。

這三個層次，當然以中央政府的動作最具法制地位，因此蔡政府應當小心謹慎，莫要搞到玩火自焚的下場。

二〇〇七年，陳水扁政府操作的中正紀念堂正名運動，最後馬政府掛回了「中正紀念堂」的牌匾，但也留下了「自由廣場」的牌樓。如此一來，一方面以「中正紀念堂」維持了藍色的傳承，另一方面也以「自由廣場」保留了綠色的思維；這形同已經包容了台灣政治的藍綠兩大體系，可謂已是一種求取平衡的「適可而止」。民進黨的操作不可逾此，而應止所當止。

民進黨對「去蔣介石」的操作，必須注意內外兩個面向的效應。

對內來說，即使就二二八而言，蔣中正雖同意派兵平亂，但有手諭明確指示不可傷害無辜。且從「紅色二二八」的史實看，如果當年二二八演成國共內戰之延伸的動亂未獲控制，台灣可能已先於大陸本土而「淪陷」，即不會有國民政府在一九四九年遷台之事，歷史當已改寫。

蔣中正是當年的執政者，當然對事變的發生及後續處理應負政治責任。但將蔣中正指爲「二二八元凶」，並欲以這個標籤來論斷整個蔣中正的功過，這非但不公平，而且根本不符歷史事實。

事實上，正因蔣中正未如李宗仁一樣出亡國外，他留在台灣，捍衛台灣，因此才留下了台灣。如果當年蔣中正也一走了之，台灣自四九年起必然已是中華人民共和國的一省，歷史亦已改寫。何況，如古寧頭戰役至八二三炮戰，蔣氏二代是革新保台的奠基者；如三七五減租至亞洲四小龍之首，蔣氏二代更是革新保台的成就者。

因此，評價蔣介石，不能只停格在二二八，這不公平；評價二二八，若丟掉了「紅色的二二八」及「皇民、台籍日本兵的二二八」之歷史拼圖，這不完整也不眞實。

再者，對兩岸而言。民進黨之所以去蔣、去孫、去中華民國，去中國，皆是爲了主張台獨。但是，台獨絕無可能，去中華民國即是自毀長城。因爲，台獨既不可能，台灣要與對岸競合，只有依靠中華民國。

在兩岸競合關係中，台灣最大的優勢就是中華民國所標舉的三民主義與共產主義的對照、主權在民的中華民國憲法與中共一黨專政的對照，及孫中山、蔣中正、蔣經國等人格事功與毛澤東的對照。因而，就兩岸關係而言，陳水扁將中正國際機場更名爲桃園機場，是何其愚昧？如今，蔡政府又將中正紀念堂的「介石廳」改爲「展廳二」，亦是何其可笑。正值中共大力抬捧孫中山，及逐漸正視蔣介石歷史地位之際，民進黨扁蔡兩屆政府的作法，形同是將自家兩岸論述上的政治精銳打成了路人甲。

民進黨喜言轉型正義。其實，台灣今日最必要「轉型」的「正義」，就是台獨必須轉型，不能再搞下去。

如果蔡政府堅決要搞台獨，那麼就這樣搞下去，直到推車撞壁。「介石廳」改成「展廳二」當然不夠，終究仍須拆下那塊「中正紀念堂」的牌匾。但是，如果能覺悟台獨已絕無可能，蔡英文就應設法停止這些倒行逆施，尤其中央政府須止所當止，拆掉一塊「介石廳」的銜牌，不可能成就台獨。

感謝

我的這次演說是來自前外交部長胡志強先生的邀約。他在逢甲大學的通識講座任課。答應他後，我立即就後悔了。因為我不擅演說，而且兩岸關係不是一個容易的話題。

但是，如今我很感謝有了這個機緣，使我有機會和動機，藉著這次演說將我對兩岸關係的看法，做了一次較具體系架構的整理，與平淺的呈現，也因此有了這本書。

感謝逢甲大學董事長高承恕先生，及通識教育中心主任翟本瑞先生與周新怡老師，他們對這場演說的安排與接待，令我感動。他們治校辦學的理念與精神，也給了我許多啓發。當日演講後，高董事長以豐盛的消夜犒勞約十位志工同學，我們榮幸作陪。

高董事長打趣說：「我的想法就是，一起吃飯，一起做事。」這種師生關係與校園文化，從質樸的語言中，透露雋永的哲理。

蘇起教授賜序，是本書的榮寵。蘇教授的學養卓越，且在政府多歷要職，近年主持《台北論壇》智庫，見識言論自是非同凡響。他每發表見解，皆有國際的廣度與國安的高度，成為輿論的指標。

本書從梵谷畫像的陷阱，討論兩岸關係的認識論與方法論，而蘇起兄則藉梵谷的身世比喻兩岸關係。這是神來之筆，對本書也是畫龍點睛。

蘇起談梵谷：「他短短的一生充滿了激情、挫折、勇氣、理想、矛盾、流血與創意。他畫作之多（兩千餘幅），生前賣出之少（僅一幅），在知名畫家中應是絕無僅有。他的割耳自殘及最後住進精神病院並舉槍自盡，更是他悲劇人生的兩大高潮。」

然後他說：「任何稍懂心理學的人都知道，嚴重的精神分裂持續一段時間後，不斷累積的挫折感很有可能會爆發出更大的問題，釀成像梵谷自殘或其他患者傷及無辜的悲劇。」

這些，雖是寫梵谷，但說的卻是兩岸關係。一條線是梵谷身世的悲劇，另一條線則是兩岸關係的困境。

蘇起兄是「九二共識」一詞的創制者，這四個字十餘年來為兩岸關係帶來了希望與憧憬。如今，他卻指出：「可以確定的是，兩岸關係的精神病，像最後幾年的梵谷一樣，已經越來越嚴重了。」

梵谷身世與兩岸困局的對比，居然如此神似，簡直是難兄難弟。

那麼，讀者何妨也將本書看成「兩岸關係精神病」的一本病歷、一篇診斷，及一味處方。

感謝好友沈珮君小姐和邱士娟小姐。她們為這場演說和這本書，給了我許多知識上、精神上和工作上的幫助，甚至比我自己還求好。一句謝謝道不盡，二位包涵了。

本書刊出北京西山無名英雄紀念廣場的幾張照片，是敬託聯合報的朋友賴錦宏先生所攝。自北京前往西山，單程就需三個半小時。幾張照片，多少情分。感謝，感謝。

本書多數圖片取材自聯合報知識庫(udndata.com)，併此申謝。

感謝賀玉鳳小姐，這是我們合作的我出版的第九本書。這本小書的工作，卻比過去八本還要繁複。玉鳳是老戰友了，我們又打完一仗。

謝謝聯經出版公司總經理羅國俊先生主持出版此書。我們同在聯合報系工作數十年，本書走過的路，也是我們並肩同行走過的路。

借用本書開場白中的一句話。面對世局國是，我覺得自己還算是一個專心聽講的學生。如果我的鄰座打瞌睡，不論我們交情好不好，我都想用拐子頂他一下。

如果不是裝睡的人，也許就能叫得醒。

我們都應當對生命感謝，要認真盡責地去探索自己的全臉的梵谷，不可使人生枉度，不可對自己失職。倘若一輩子都在半臉梵谷的認知下生活，豈不是糟蹋了人生。

對於自己的生命與國家的前途，除非自蒙自欺，不論紅、綠、藍，沒有人能騙得了我們。

今年是家父黃梅生先生逝世三十周年，他是我此生最大的感謝，敬以此書跪奠。

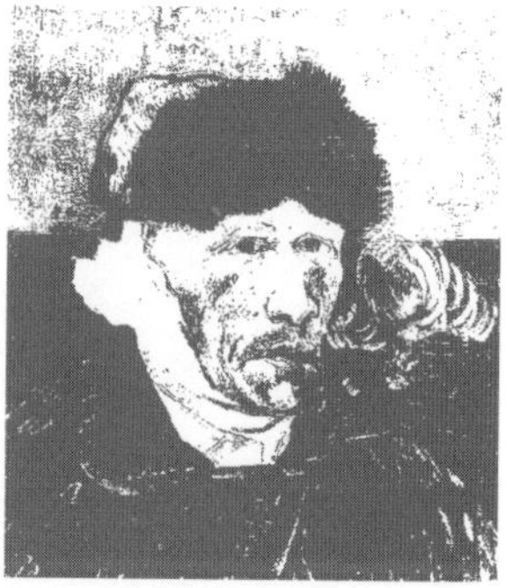

一條路徑

兩岸關係與中國前景有密切關係。倘若兩岸的解決方案不能做到「為人類文明建立典範／為兩岸同胞創造救贖」，則非但不能實現「兩岸人民的偉大和解」，更可能毀滅了「中華民族的偉大復興」。

現在，我們好像發現了一條路徑，那就是：從「有中國特色的社會主義」，到「有普世價值的中國方案」。

摘自本書第一九八頁

獻給天然獨從梵谷的耳朵談兩岸關係

2017年3月初版　　定價：新臺幣280元

著者　黃年
主編　沈珮君
總編輯　胡金倫
總經理　羅國俊
發行人　林載爵

封面設計　邱士娟
內文排版　邱士娟
校對　馬文穎

出版者　聯經出版事業股份有限公司
地址　台北市基隆路一段180號4樓
編輯部地址　台北市基隆路一段180號4樓
叢書主編電話　(02)87876242轉270
台北聯經書房　台北市新生南路三段94號
電話　(02)23620308
台中分公司　台中市北區崇德路一段198號
暨門市電話　(04)22312023
台中電子信箱　e-mail：linking2@ms42.hinet.net
郵政劃撥帳戶第0100559-3號
郵撥電話　(02)23620308
印刷者　世和印製企業有限公司
總經銷　聯合發行股份有限公司
發行所　新北市新店區寶橋路235巷6弄6號2樓
電話　(02)29178022

行政院新聞局出版事業登記證局版臺業字第0130號

本書如有缺頁，破損，倒裝請寄回台北聯經書房更換。　ISBN 978-957-08-4910-3 (平裝)
電子信箱：linking@udngroup.com

國家圖書館出版品預行編目資料

獻給天然獨從梵谷的耳朵談兩岸關係/
黃年著．沈珮君主編．初版．臺北市．聯經．2017年
3月（民106年）．212面．14.8×21公分
ISBN 978-957-08-4910-3（平裝）

1.兩岸關係 2.言論集

573.09 106002293